中京大学文化科学叢書 25

中京大学所蔵古典籍・古文書の研究 2

――近年新収蔵貴重資料とその周辺――

明木茂夫編

汲古書院

目　次

第三部　古文書室所蔵古文書

第一部　文化科学研究所所蔵古典籍

庄内藩藩医進藤周人旧蔵書
――その音楽関連の写本をめぐって――

明木茂夫

一、はじめに

進藤周人（一八〇三～一八六四）は出羽国庄内藩の藩医を務めた人物である。本学では幸運も手伝って、複数の古書肆を介してその旧蔵書を相次いで収蔵することができた。漢学と音楽に関する書物がその主たるものである。その内の音楽書にはこれまで知られていなかったものも多く含まれ、江戸末期の庄内藩での音楽活動を知る上で大変興味深い。本稿では、進藤周人旧蔵書の概要を整理し、特に音楽関連の写本を中心にその内容を紹介したい。

二、進藤周人について

進藤周人は名を鼎と言い、字は周而、通称は周人、自ら馬骨道人と号した。今も山形県飽海郡遊佐町にある吹浦大物忌神社の祠官進藤重記の後裔である。庄内藩に仕えて藩医となったが、同時に和歌や漢詩文に通じ、蘭学も修め、絵画も能くした多才な人物であった（1）。音楽にも相当に通じていたようで、そのことは手許の写本群からも十分にうかがい知ることができる。鶴岡市立図書館所蔵の著書には、『進藤周人詩集』全四巻、『進藤文集』、『蘆鶴集』上下巻、『偕老浴史』がある(2)。

本業の医学に関する業績については、何しろ門外漢であるため簡単に触れるのみとしたいが、例えば写本『種痘要旨』がある(3)。これは清の呉謙等編『御纂医宗金鑑』(4)の巻六十「種痘心法要旨」を書写し、周人が句読を加えたものである。内題には「嘉永二年己酉（一八四九）謄写　種痘要旨　全　市隠洞蔵」とあり、「市隠洞蔵」の印がある。この「市隠洞」は周人の息子晋望の号であるようだ(5)。また冒頭解題末尾に「嘉永二年己酉孟夏　晋之鼐　誌」とある。ちなみにこの『種痘要旨』写本に用いられている罫紙及びその筆跡は、本学所蔵の写本の多くと酷似している。これらは近い時期に作成された一連の進藤家の旧蔵書であったと考えられる。

さて『種痘要旨』巻頭には周人自身による「種痘要旨解題」（漢文）が置かれ、前半（十四丁分）は「種痘要旨」本文写本、後半（十七丁分）は周人の「種痘要旨附録」（和文）となっている。巻末に「追跋」（漢文）があり、最後に「種痘施術役者」として周人自身を含む種痘実施関係者の氏名が記されている。

周人の「種痘要旨附録」の冒頭に次のようにある。

> 天保十四年癸卯ノ秋、下総国印旛通渠ノ再挙アリシ時ニ、余モ与リテ祇役シ、高台ノ仮営ニ在キ(6)。コノ挙ニ筑前国秋月ニモ命ゼラレテ、営ヲ馬加ニ設ラル(7)。其医官ニ緒方氏アリテ、コレ種痘顓門タルコトヲ、嘗テ聞オヨベレバ、今ココニ祇役セルハ、必ソノ同僚ナルベケレバ、ソノ術ヲ伝授ノ人モヤアラント、千葉ノ薬賈近江氏ヲシテ物色セシメシニ、嗚呼奇遇ナル哉、緒方氏コ、ニ在ケリ。高台ト馬加ノ相距ルコト僅ニ三里ナレドモ、各営令厳ニシテ、妄ニ接見スルコトヲ得ズ。余ガ心ニ於テ餓渇スル者ノゴトシ(8)。

これによれば周人は、天保十四年（一八四三）下総国印旛沼の水路工事に医師として従事した折、近くの馬加《まくわり》の営に、筑前国秋月藩から赴任した医官で種痘の専門家である緒方氏が赴任していることを知った。しかし公務の最中は各営間の行き来が禁じられていて直接会見できない。これに続いて次のようにある。

因テ近江氏ヲシテ慇懃ヲ通ゼシメケレバ、彼人答テ曰、吾祖既ニ種痘必順弁一部ヲ撰シテ夙ク梓行セリ。余ニ到テ三世、ソノ術ヲ研究シ、益〱其蘊ヲ竭シヌ。筑ノ羽ヲ距ル、風馬牛モ及バザルニ、天ヤ良縁ヲ仮シテ、共ニ此地ニ在シムト雖モ、暫時モ相覯ルコトヲ得ザルヲ憾トス。必順弁ハ世人偏ク見テ知レバ、吾子ガ余ヲ知レルモ、亦之ヲ以テナラン。但先父惟章ガ著述スル所ノ書ニシテ、余ガ刪補セル者、未ダ梓ニ上セズ、巾笥ニ秘シテ敢テ出サゞレバ、人之ヲ知ルコトナシ。今吾子ガ懇志ニ依テ、少シモ愛惜セズ、之ヲ縦覧セラレバ、口授面命ニ異ナルコト無シトテ、刪補必順弁全部を近江氏ニ逓与セラレヌ。然而後余ガ怡ビ知ルベキ也。然ルニコノ時、疫痢霍乱温瘧ナド行レテ、役人多ク疾ミ、七剤鞅掌シテ、日夜寸隙モ得ルコト無ケレバ、一閲ノ後、手ヲ堀口孫ニ仮テ、之ヲ謄写セシメヌ。

周人が薬屋の近江氏を介して尋ねてみると、その人は『種痘必順弁』の著者の孫だったというわけだ。ここに言う医官の緒方氏とは、本邦で最初に種痘を実施し医聖と称せられる緒方春朔（一七四八～一八一〇）の孫に当たる人物、即ち緒方惟馨だったのである。惟馨は、『種痘必順弁』に自ら刪補を施した稿本が未だ上梓せず手許にあることを語り、近江氏に託してそれを貸与してくれた。そこで喜んで人にこれを書写させた。こうした緒方惟馨との出会いが、周人の種痘に対する研究と実践を推進する大きな契機となったわけである。

これに続き、周人は『種痘必順弁』の緒方春朔自序、清の費宝伝及び楊逸雲の序を引用し、惟章（春朔）から惟馨に到る緒方氏三世の才能と医業を賞賛し、またその『種痘必順弁』が基づいたところの『医宗金鑑』についても論ずる。この後、種痘の理念と実施に際しての注意点、惟馨や他の専門医とのやりとり、さらに庄内藩に於ける自らの家族及び他の人々に対する種痘実施事例とその効果などについて、生き生きと語る。最後に『医宗金鑑』を書店で入手した経緯と、その巻六十「種痘要旨」を書写してこの附録を著するに到った経緯を記している。

これとは別に、後述の周人の文集『晋文』の巻一には「追跋種痘要旨」なる一文が収録されており、そこではこの「種痘要旨解題」に記された緒方春朔の人痘法に加えて、新たに牛痘法を試みた経緯が記述されている。

これらを見るに、公共工事に医師として従事し、その工事現場で流行した疫病に対処し、さらに種痘の研究とその本格的な実施に重要な役割を果たすなど、周人が本業の医学の分野でも積極的な仕事をしていたことがうかがわれるわけである。それと同時に本稿で述べるような音楽や漢学にも大きな業績を残していることは、まさに驚嘆に値する。まことに多才な人物であったらしい。

三、進藤家旧蔵書群について

さて本学で収蔵した進藤周人の手抄本は、大まかに音楽関連のものと漢学関連のもの、そして日本史関連の周人の著作及びその他の文章からなる。よく似た罫紙が用いられているものが多く、筆跡も多くの書物で共通しているようなので、近い時期に書写・装丁されたものだと思われる。また、数丁からなる紙縒《こより》綴じの冊子がいくつか、他の書物の帙に挟み込む形で収められていた。ここでは便宜上冊子それぞれの内容にかかわらず、楽書・漢学・文集とは別に付帯冊子として分類しておいた。

楽書

7　庄内藩藩医進藤周人旧蔵書

1、琴学大意抄／琴学正音　一冊

2、物子楽説抄　一冊

3a、太鼓譜　紙縒綴じ冊子

3b、龍笛譜　紙縒綴じ冊子

3c、鳳笙譜　紙縒綴じ冊子

4、篥鼓譜　折り本二帖

5、篴譜　一冊

6、徳之則　一冊

7、龍笛譜　三冊

8、觱篥譜　一冊

漢学

1、易学戛《こう》始　六巻　一冊

2、周易古義　十二巻　二冊

3、左氏伝議　四巻　二冊

4、春秋経伝解　三十巻　十五冊

文集

1、晋之乗　八巻　八冊

2、克獲捷凱《こくかくしょうかい》　四十六種　三冊

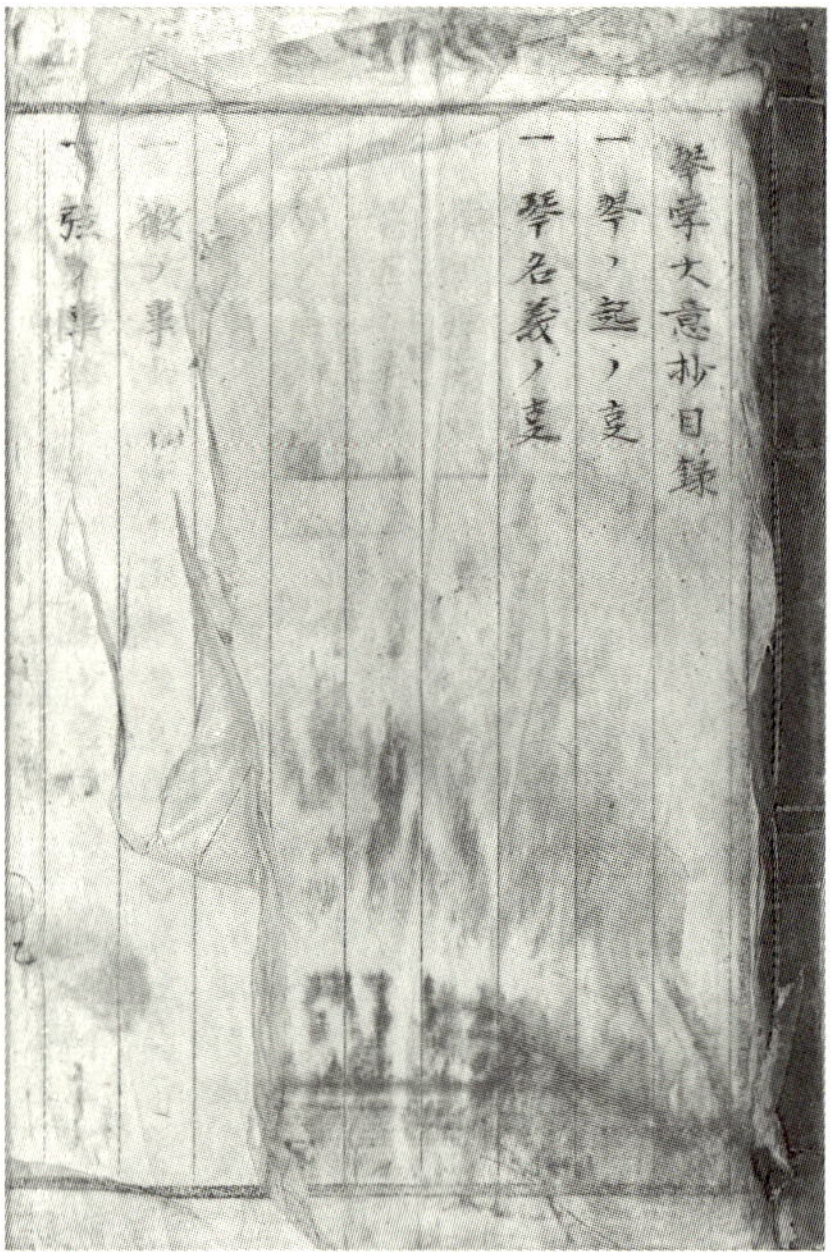

図1　『琴学大意抄／琴学正音』表紙裏打

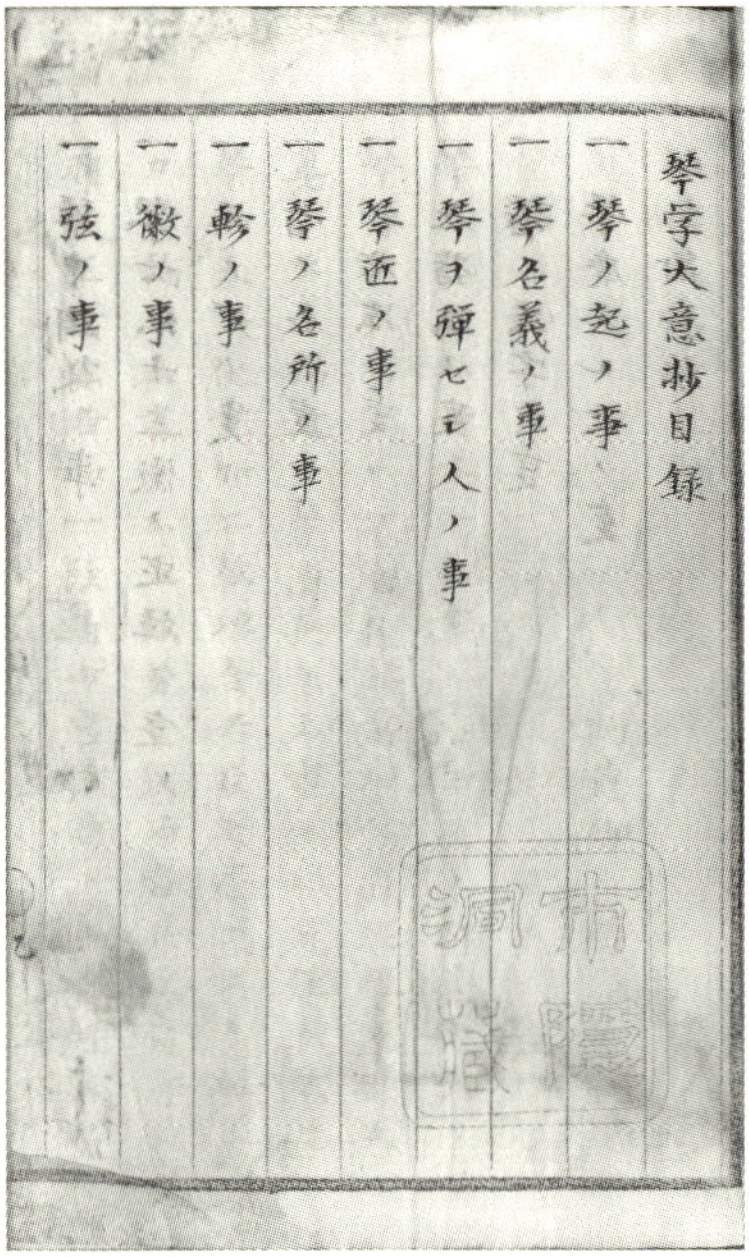

図2　『琴学大意抄』目録

3、晋文 六巻 一冊

付帯冊子

1、読呉生義貞伝（漢学3『左氏伝議』の帙）

2、瘞《えい》琴碑銘（文集1『晋之乗』の帙）

3、鶴陵阪尾賢君函文（9）／鄙《ひ》著書目（文集1『晋之乗』の帙）

以下、それぞれの概略を記す。

ア、楽書

楽書の1『琴学大意抄／琴学正音』は、荻生徂徠と山県大弐の琴書の写本が合冊になっているもので、巻頭目録に「市隠洞蔵」の印あり。地に「琴学」と墨書されている。残念ながら表紙の厚紙が破損して失われており、**図1**の如く表紙の裏打ちの紙が表に出てしまっている。その裏打ちが、たまたま巻頭目録の第一丁（**図2**）の書き損じの反故紙だったため、結果的に次の目録と同じ文字が見える状態になっている。手にした当初は、なぜ目録が二丁あるのか戸惑ってしまった。

さてこの写本は、これまでコピーが伝わるのみだったものの、まさしくその原本であることが判明した。本写本群の中で最も重要なものの一つであろう。詳細は本書所収の山寺氏の論考をご覧いただきたい。

2の『物子楽説抄』について、「物子」は物部氏即ち荻生徂徠であり、これは『徂徠集』所収の書簡から琴学に関わる部分を周人が抜き書きして一冊とした写本である。具体的な引用箇所は以下の如し。(10)

一丁表三行~五行　『徂徠集』巻二十二所収「与富春山人」第八書
一丁表六行~二丁表三行　『徂徠集』巻二十三所収「与藪震庵」第四書より
二丁表四行~三丁裏最後　『徂徠集』巻二十三所収「与藪震庵」第六書より
四丁表一行~五丁裏最後　『徂徠集』巻二十三所収「与藪震庵」第四書より
六丁表一行~七丁表七行　『徂徠集』巻二十三所収「与藪震庵」第八書より
七丁表八行~九丁表一行　『徂徠集』巻二十三所収「与藪震庵」第九書より

末尾に二字分字下げで

按源君美亦有楽説、与物子之説、大同小異、蓋皆拠源順和名抄等耳。

との、周人自注と思われる記述が添えられている。源君美は新井白石である。徂徠と白石の説が似通っているのは、源順の『和名抄』(和名類聚抄)に依っているからなのだろう、ということである。

ちなみに本書の表紙見返しには筆写者によるものと思われる琴の図と各部名称があり、裏表紙見返しには「琴絃代用三味之大小線」と題して古琴の七絃それぞれに代用すべき三味線の糸が書き記されている。実際に琴の練習に際して用いられたことがうかがえる。

3のａ～ｃは五～七丁からなる紙縒綴じの冊子で、後で述べる「笙笛太鼓合譜序」の内容などから、三冊は同一の雅楽活動に際して作成された一連のものだと考えられる。三冊共に、表紙に続く第一丁裏にほぼ同様の序文を有する。この三つは、

『太鼓譜』六丁　縦十四・〇／横二十・四
『龍笛譜』七丁　縦十六・六／横二十二・六
『鳳笙譜』五丁　縦十六・〇／横二十一・五（いずれもセンチメートル）

という横長の紙縒綴じで、『太鼓譜』のみやや小振りである。またこの『太鼓譜』のみ、通常の左右に折った上での袋綴じではなく、料紙を上下に折っての袋綴じ（即ち折り目が小口ではなく地にある、いわゆる横半帳）となっている。またこの『太鼓譜』は、第五丁表中央に「箏譜」との題名が書かれ、その裏に「左如箏譜殊為秘事……」で始まる第一丁裏と似た序文があり、それ以降が箏の調弦（六調柱立様）となっているため、この一冊は厳密には『太鼓譜』と『箏譜』が合冊となっていると考えるべきであろう。ちなみに、本文最後の七丁裏には、

箏琵巴御家
和琴　箏　　四辻殿
琵巴　　伏見宮　今出川殿　西園寺殿　花園殿

との記述がある。また裏表紙見返しには「俗箏調」として、箏の十三弦各弦の「常のしらべ」「雲井調」「中空調」に於ける調弦が記されている。また『龍笛譜』末尾には短い跋が置かれている。

4の『箛鼓譜』は折り本二帖からなるもので、天にそれぞれ「甲」「乙」、地に双方とも「鷺菜園」と墨書されている。いずれも縦十六・八／横六・二センチメートル、厚さは甲が三センチメートル、乙が二・六センチメートル。甲

の表紙にのみ「篳鼓譜」の題箋がある。双方とも表裏両面に書写されている。残念ながら甲乙とも途中一箇所で途切れているが、糊付け部分が剥がれただけのようで、欠損はない。

5の『篴譜』について、表紙題箋には「篴譜」とあるが、「篴」は「笛」の異体字であり、本文第一丁表の題目に「龍笛譜」とあるように、内容は龍笛の楽譜である。本文冒頭に「市隠洞蔵」の印あり。第一丁の冒頭目次の前に「淡海　兵部卿　訓」「大泉　進藤倜　学」(11)とある。末尾に「管絃は遠くわが神代をつのり……」から始まる跋文が置かれている。跋文末尾には「天保十五年（一八四四）」、「琵琶湖の浪士　兵部卿御覧」とある。

6の『徳之則』は、本文冒頭に「南部楽篴譜四十曲　附鳳吹太鼓譜」とある如く、龍笛と笙・太鼓の譜面で、龍笛譜に墨で笙譜、朱墨で太鼓譜をそれぞれ書き加えたもののようである。冒頭の目録に「市隠洞蔵」の印あり。表紙見返しに「渇密月表　幕府　公家　私族」として正月から十二月に到る各月の日程が記されている。「渇密《あつみつ》」はいわゆる「鳴物停止《なりものちょうじ》」で、音曲を廃して服喪する期間である。また本文の各曲楽譜には朱墨による文字や記号の書き込み、白（胡粉）で修正した跡などがおびただしい。また末尾には「龍管孔名　篥管孔名　一竹鼓律法」「律名順序　三管符字」「鳳管列名　指法」という音名と指使いを記した表が記されている。これらを見るに、実際の演奏や練習に用いて使い込まれたものであることがうかがえる（だからこそ鳴物停止の日程が必要だったわけだ）。本文冒頭の第三丁表、書名の下方に「大泉　藤原鼐　学」「淡海　三琴子　鑑定」とある。裏表紙見返しには「安政紀元（一八五四）臘月製　画餅老人」とあり、「一名周人」と読める印があるので、画餅老人は周人自身のことであろう。

蛇足であるが、本書表紙の厚紙と裏打ちの間に、「小乱声《こらんじょう》」と題する龍笛譜一枚が、折りたたんで挟み込まれているのを見出した。或いは、笛の練習に用いた楽譜の写し一枚をここに入れ込んだままになっていたのかも知れない。本書冒頭「壱越調」第一曲に同じく「小乱声」が収録されており、細部は異なるものの基本的にはこの一枚と同一の音符となっている。

なお、『徳之則』という一風変わった書名は、『春秋左氏伝』「僖公二十七年」の「詩書、義之府也。礼楽、徳之則也。徳義、利之本也」を踏まえたものだと考えられる。『徳之則』の内容は基本的に雅楽の楽譜（龍笛・篳篥・笙）なのだが、「礼楽は徳の則なり」という『左伝』の言葉を踏まえて、まさにこれが礼楽の書であることを込めた書名になっている。進藤周人の漢学の教養の高さのみならず、粋に楽しみながら音楽活動を行っていたことをうかがい知ることができる。

7の『龍笛譜』は全三冊で一帙。冒頭に「予少壮侍于一世子之黌……」で始まる序文がある。その末尾に「安政五年（一八五八）仲夏之月　三舟外史晋鼎誌」とあり、「晋鼎」と「周人」の印がある（序文については後述）。三冊の内第一冊は題箋のみあって文字は書かれていないが、内容は前半が「壱越調」、後半が「平調」となっている。第二冊は題箋に「双調　黄鐘調　共完」、第三冊は題箋に「盤渉調　大食調　共完」とある。

8の『觱篥譜』一冊は、内題に「江西久三酸丸伝之　觱篥譜　受業者晋望」とあり、息子の晋望の写本である。巻頭目録に「市隠洞蔵」の印あり。最後の一丁の裏に篳篥（胡笳）と穴名・音名の図があり、「文献通考楽器篇篳篥為諸楽器之首、故名頭管ト云」から始まる説明が記されている。紺色の裏表紙の左下に朱墨で「晋蔵」との書き入れがある。これも蛇足だが、裏表紙の厚紙の裏に「震堂氏」「震堂」「吹之一曲稿」「進藤」などの文字が並んでいる。これは単に厚紙の裏に試し書きをしたものが、裏打ちの紙が外れたため見えているだけのもののようである。

イ、漢学

漢学1の『易学叓始』全一冊（叓は更の異体字）は題箋なし。表紙見返しに「易学叓始　偏枯老隠録」とある。巻一冒頭に「羽甽　晋鼏周人父　学」とあるので、晋望の書写であろう。巻一は易の卦について、巻二から巻六は「十翼」の「繋辞」「説卦」「序卦」「雑卦」について、和文（カタカナ）により解説したものである。少数ながら上欄に頭注あり。

２の『周易古義』十二巻は全二冊、帙入り。第一冊の内題に「晋周人著　周易古義　大泉退蔵窟」とある。巻頭「占筮古義」には「大泉後学　鼏周人父　録」とあり、巻一冒頭には「羽甽　晋鼏周人父　撰」とある。第一冊は六十四卦の卦辞を巻一（上篇）巻二（下篇）に分けて漢文で解説したもの、第二冊は巻三から巻十二に分けて「十翼」について漢文で解説したものである。上欄に頭注あり。

３の『左氏伝議』四巻は全二冊、帙入り。冒頭題辞の末尾に「大日本　羽甽　晋鼏周人父　誌」、巻一冒頭に「羽甽　晋鼏周人父　議」とある。巻一は「隠公」、巻二は「桓公」、巻三は「荘公」、巻四は「閔公」について漢文で解説したもの。但し巻四は半丁本文五行のみ。なお同じ帙に「読呉生義貞伝」なる冊子が収められていた。

図３　「晋鼏」印

余談だが、題辞の末尾には二つの印が捺されており、一つは「周人」、いま一つが右に易の卦、左に鼏の字が彫られた印（図３）である。この卦は第三十五「坤下離上」（内卦が坤、外卦が離）で、まさに「晋」の卦（火地晋）なのである。つまり、自分の名前「晋鼏」を「晋の卦」と「篆書の鼏」で表した、まことに洒落た印だと言える。

４の『春秋経伝解』三十巻は全十五冊、帙入り。湿気によるものと思われる傷みがややある。第一冊内題に「弘化新編　春秋左伝解　大泉　文室鼏　学」とあり、「市隠洞蔵」の印がある。冒頭の序の末尾に「弘化四年夏六月　大泉　文室鼏周人父　撰」とある。書名は『春秋経伝解』とあるが、全体は『春秋左氏伝』の漢文による解説である。

本書は各巻の題箋にやや疑問がある。題箋が二種類あるのである。基本的に各冊表紙には、

春秋経伝解　一二

春秋経伝解　三四

のように、『春秋経伝解』の書名と収録されている巻数が記されているのだが、第八冊と最後の第十五冊のみ、

春秋左伝　十五十六　襄

春秋左伝　廿九三十　哀

のように他と異なっている。書名が『春秋左伝』で、巻数以外に君主の名が書かれていて、他と比べてやや小振りである。さらにおもしろいことに、最後の十五冊には、

春秋経伝解　廿九三十　止

と書かれた題箋一枚が剝がれた状態で、表紙と本文第一丁の間に挟む形で保存されていた。つまり第十五冊は表紙に貼られたものと中に挟まれているものと、題箋が二枚あるわけである。そこで、さらに詳しく見てみると、現在貼られている『春秋経伝解』の題箋の下に、やや小振りの題箋が貼られていることに気づいた。つまり、透かしてみると現在の『春秋経伝解』の題箋は、元々あったやや小振りの題箋の上に貼り直したものだと分かるのである。さらに、現状でやや剝がれかけている題箋を慎重にめくって下を見てみたところ、第十二・十三・十四冊の題箋の下に、

春秋左伝　廿一廿二　昭

春秋左伝　廿三廿四　昭

春秋左伝　廿五廿六　昭

という題箋が貼られていたことを確認できた。

考えるに、本来の題箋は「春秋左伝／巻数／君主名」という形式であったが、後にその上にやや大きい「春秋経伝解／巻数」という形式の題箋を貼り直した、ということであろう。第八冊と第十五冊は新しい題箋が剝がれて失われ、下の古い題箋が表に出ていた。但し第十五冊については、剝がれた題箋が幸いにもそのまま保存されていたわけである。ちなみに、本書冒頭と同じ序文が文集3『晋文』巻四に「春秋経伝解自序」として収録されているので、周人自身が最終的に書名を『春秋経伝解』に定めたと考えてよかろう。

ウ、文集

周人自身の文集である。

1の『晋之乗』八巻は帙入り、内題なし。残念ながらややしみや痛みがあり、湿気のために貼り付いて一部開けない丁がある。各巻冒頭題名の下に「大泉　晋僩周人甫　著」とある。天正十一年（一五八三）から始まり、日本史上の様々な出来事に関して編年で周人が論じたものである。古筆学者小松茂美氏の著書『利休の死』[13]の第七章では、千利休の死に関する詳細な記事を載せるものとして本書が引用されている。[14]ここで小松氏のおっしゃる「自筆稿本」というのがまさに現在のこの中京大本であり、小松氏の翻刻中で欠字とされている部分はまさに本書の破損部分とぴったり一致する。また小松氏は『晋之乗』という書名について、

この『晋之乗』は、『孟子』（離婁章句下）の「晋之乗、楚之檮杌、魯之春秋一也」（この三つは、晋・楚・魯三国の史記で、一様の書であるとの意。乗は、のするの義。当時のことを書きのせるゆえに、これを名としたもの）とある語で、周人の晋鼎の号の一字に通じさせて、「晋鼎の書いた史」という意をこめての命名であろう、という。

と述べておられる。まさに、右の楽書6『徳之則』と同じ趣向である。

さて『晋之乗』の収められた帙の題箋には『両韻便覧』とあって、中身と帙の題が一致しない。これは恐らく大窪詩仏の『両韻便覧』かと思われるが、帙の縦横厚さはいずれも中身の『晋之乗』に丁度合っている。またここには「瘞琴碑銘」「鶴陵阪尾賢君函文／鄙著書目」という冊子（後述）が一緒に収められていた。このことを考えると、そもそも『晋之乗』自体もたまたま大きさがぴったりだった別の帙に仮に収められたものであった可能性が考えられる。ついでながら、漢学4の『春秋経伝解』は書物の縦横は帙に合っているものの、重ねた書物と帙の厚さにやや合わない感じがあるので、或いはこれも書物の縦横がたまたま合った別の帙に仮に入れたものなのかも知れない。

2の『克獲捷凱』は三冊からなり、帙入り。周人自身の漢文の文章四十六種を集めたものである。「古今歳月」から始まる冊と、「克獲捷凱」から始まる冊と、「賢徳敏愼」から始まる冊とからなるが、冊数や上中下の別が記されていないため、三冊の順番は不明。本学で入手した当初の状態では「古今歳月」「克獲捷凱」「賢徳敏愼」の順であったが、古書店目録では『克獲捷凱』が全体の書名となっていた。

3の『晋文』六巻は一冊、帙入り。内題には「晋文　晋鼎稿」とある。内題の次にあった、恐らく遊び紙かと思われる一丁の一部が、湿気のためか巻一本文第一丁の一部と貼り付いていたため、残念ながら冒頭の題目が読めない。所々に見せ消ちや書き込み、修正の跡が見られる。恐らく周人自身のものであろう。以下所収の文章の題名のみ列挙する。

巻一「□」「与藤子得書」「笙笛太鼓合譜序」「邏摂人身小識序」「与幽栖阪尾翁書」「医聖像讃」「追跋羅陵詩集」「琴則自序」「読大沼子嘉大塔王伝」「与高岡高峯玄台書」「与伴子広」「与石川桜所」「与大槻士広」「追跋種痘要旨」「占筮古義」

巻二「彦根中郎将伝」「新田中郎将伝[15]」
巻三「出羽国一宮大物忌神社志[16]」
巻四「進藤三右衛門伝」「医三世論」「瞑眩論」「書画聯壁帖序」「春秋経伝解自序[17]」「呈阪尾翁」「与大槻士広」「桜田事議[18]」「与本間叔慶」「左氏伝議第一稿成請校正贈度文思書」「左氏伝議題辞[19]」「与度文思」
巻五「訳格一則」「与石川桜所」「与度文思」「左氏伝議題辞[20]」「復度文思」「又復度文思」「易学叓始題辞[21]」「贈池田駒城」「駒城池田生」「斎修公」「三好泰介」「木邨龍玄」「度文思」「再　木邨龍玄」「板垣貞保[22]」「三　木邨龍玄」「長阪欣君」「與本荘皆川子恭」「小笠原士明」「斎藤修公」「阪尾幽棲」「四　木村龍玄」「五　木村龍玄」「幽棲翁」「六　木村龍玄」
巻六「与斎修公」「復度文思」「楽山人」「石川桜所」「晁長公」「度文思」「斎修公」「幽棲翁」「度文思」「楽山人」「呈阪尾翁[23]」「鄙著書目」「与三浦君念」「斎修公」「龍兮篇[24]」「与菱津本間老農」

エ、付帯冊子

1の「読呉生義貞伝」は漢学3『左氏伝議』の帙に入れられていた。周人自身による新田義貞論である。

2の「瘞琴碑銘」は文集1『晋之乗』の帙に入れられていた。「瘞」はうずめるの意。これは文化年間頃に僧侶通寛が、知音相良儀一の七絃琴を鶴岡の金峰山に埋めたことにちなむ「瘞琴碑」の碑文の写しである。題名の下に「菅基撰」とあるがこの菅基が碑文の撰者で、庄内藩藩校致道館の助教を務めた人物である。なおこの故事については坂本守正著『瘞琴碑について―金峰山中に琴をうずめた史話』に詳しい[25]。

3の「鶴陵阪尾賢君函文／鄙著書目」は前項「瘞琴碑銘」と共に文集1『晋之乗』の帙に入れられていた。前半は致道館句読師・助教阪尾萬年《ながとし》への書簡の写しで、後半は周人の自著書目である。進藤家旧蔵書の多くにはあらかじめ罫線の印刷された罫紙が用いられているのだが、この前半と後半では罫線の枠の大きさが異なっているので、恐らく本来別々だったものが一緒に紙縒で綴じられたものだと考えられる。

考えるに、この阪尾萬年に宛てた書物の末尾に、

倘以老君之慈蔭、得納諸館庫、則小人分外之栄、何異乎値文化盛時、而驥附于当時士君子焉。栄乎栄乎。死亦不朽矣。亦鼎之大幸哉。書目別録奉上、顒願老君宜紹介、使以遂鄙志、万万是祈。

とあり、自著を致道館の館庫に架蔵してくれるよう阪尾萬年に取り計らいを依頼している様がうかがえる。さらにこの「鄙著書目」の『春秋経伝解』項の末尾に「冀高明推読乃奉上」、『易学叓始』項の末尾に「完成即奉上」、『琴則』項の末尾に「亦艸稿不及改写乃奉上」、『周人千律前集』の末尾に「力疾改写其半、以奉上」（傍点明木）などとあり、この「奉上」は自著を阪尾萬年に奉上することを示すと考えられる。だとすれば、罫線の形状こそ異なるものの、この書簡と書目は本来二つで一揃えとなるものだと言える。右で見たように文集3『晋文』巻六にも「呈阪尾翁」と「鄙著書目」が連続で収録されていることもその推測を助ける。

この書簡と書目を付帯冊子と『晋文』で比較すると、付帯冊子には修正や見せ消ちが多く、その修正や見せ消ちを反映させたものが『晋文』の文言に一致するので、『晋文』所収の方が定稿に近いものと思われる。ただ付帯冊子の書簡の最後には印の位置を示すような四角が二つ書き込まれているので、書簡の写しであった可能性も捨てきれない。「鄙著書目」については後述。

四、進藤家旧蔵書群から得られる音楽関係の情報

以上の進藤周人旧蔵書の概略に基づき、ここではそこから得られる音楽関係の情報を整理してみたい。

ア、琴書

右の「鄙著書目」に掲載された書物は、『春秋経伝解　十五巻』『周易古義正文　五巻』『易学叓始　五巻』『詩句合韻　一巻』『琴則　一巻』『晉文　六巻　合一巻』『周人千律前集　録五百首　四巻』の計七種である。この内最も注目すべきは『琴則』であろう。これは今まで知られていなかった琴書で、残念ながら本写本群には含まれておらず、他の所蔵機関にも見当たらない。

「鄙著書目」に記された『琴則』の解説には次のようにある。

右壮時之作、唐以後楽理大変、古法適存于皇国焉。乃以其五調七律、順八逆六為規則、制諸図以示之、亦草稿不及改写、乃奉上。

そして幸いなことに、文集3『晋文』巻一には「琴則自序」が収録されているのである。本書の概要はこれにより知ることができる。「自序」では徂徠の『琴学大意抄』を引きつつ様々な古琴に関する故事に触れ、最後に徂徠の書簡の文言を引用する(26)。やはり徂徠の影響が大きかったことがうかがえる。庄内藩では徂徠学が盛んであったこととも大いに関係があろう。最後に、

余於是乎折中于先哲遺訓、私編斯書、以為坐右之玩。嗚呼如余好而楽之者也。亦唯俟知音者、弗敢為王門伶人。

と述べている。ともあれ周人が『琴則』という古琴の専門書を著するほどに琴学に通じていたということは確かであ

る。この『琴則』がいつか発見されることを祈るのみである。

イ、雅楽

楽書7『龍笛譜』には序文があり、周人が雅楽を習った由来が書かれている。ところが、それとほぼ同じ文章が文集3『晋文』巻一に「笙笛太鼓合譜序」として収録されている。両者は少しの異同を除けば同文である[27]。この「笙笛太鼓合譜」とは恐らく、楽書3abc『太鼓譜』『龍笛譜』『鳳笙譜』の冊子三冊を指すものと思われる。さて同じ文章なのに一方が『龍笛譜』の序であり、一方の『晋文』では「笙笛太鼓合譜序」と題されているのはなぜだろうか。恐らく『龍笛譜』の序が、『太鼓譜』『龍笛譜』『鳳笙譜』三冊に対する序文を兼ねているからだと考えられる。但し楽書3abcの冊子にはそれぞれ短い序が付されており、それと『龍笛譜』序文との詳細な関係は未詳だが、いずれにせよ稽古や上演など一連の活動にちなむものだったのであろう。

ここで、楽書3abcの序を見てみたい。**図4**は3a『太鼓譜』のものだが、3bc『龍笛譜』『鳳笙譜』にもほぼ同様の序がある。ご覧のように全体に丸みを持たせ、右や左のはらいを長く伸ばし、筆画に意匠を凝らした独特の書体である。周人が雅楽をとても楽しんでいた様子が忍ばれる。

笛譜已傳今寫
鼓譜重授与之
它見他傳亦
禁之畢

天保十五辰秋　湖西　兵部卿
朱丸大小須細用意
羽州荘内
鶴岡城
進藤倜医仙

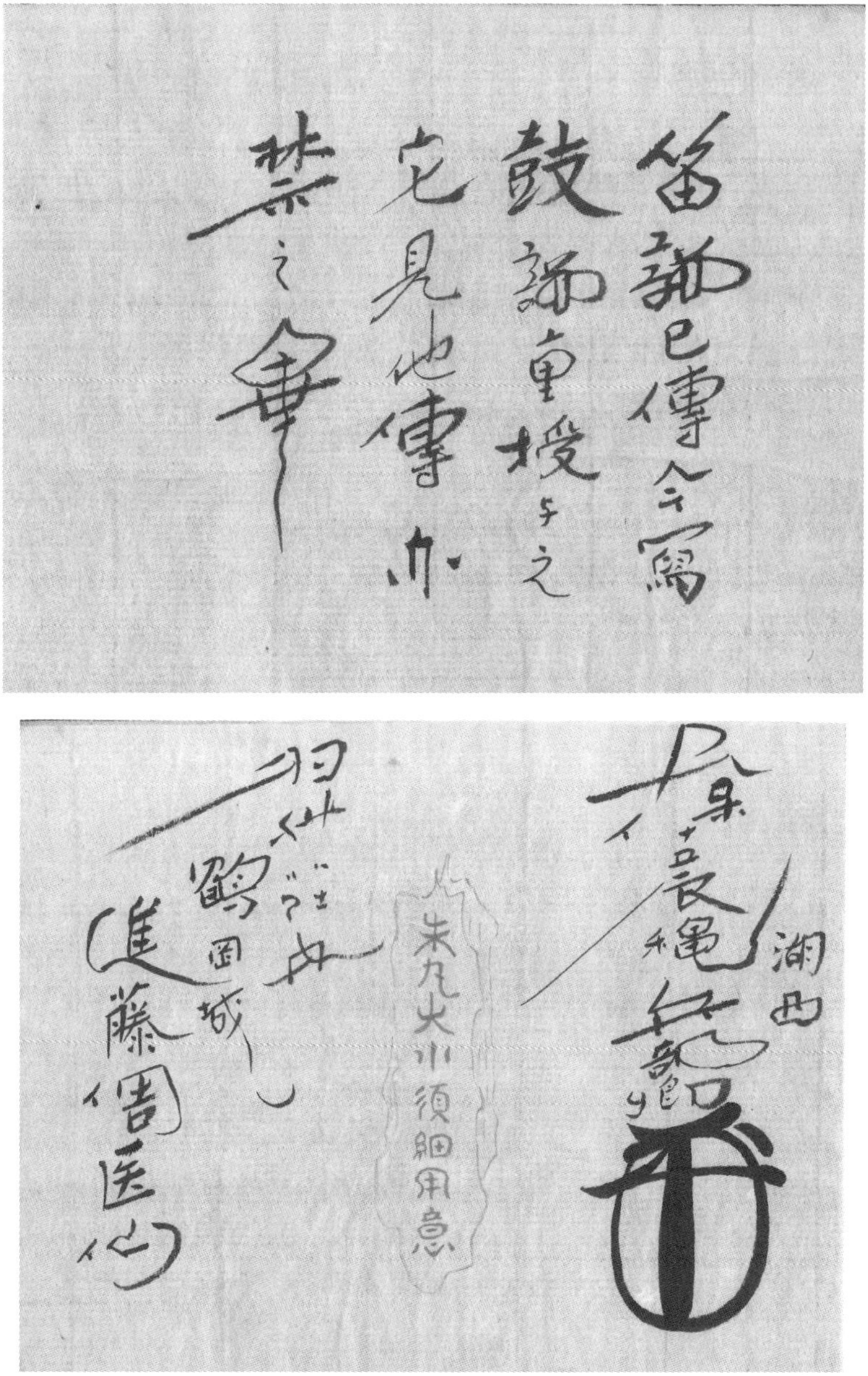

図 4　『太鼓譜』序

さらに、5の『篴譜』の末尾には「管絃は遠くわが神代をつのりて……」から始まる一丁半にわたる跋文が置かれており、それが右の3abcの冊子の序と同様の書体で書かれているのである。しかもこの跋文の最後の半丁分は、『龍笛譜』末尾の短い跋とほぼ同一である。ということは、右の3abc『太鼓譜』『龍笛譜』『鳳笙譜』と7『龍笛譜』に加えて、この5『篴譜』も一連の活動にちなんで作成されたものだと考えられる。

そしてこの『篴譜』跋文には、

師とたのむ大内里伶人三流十人に余れる中、その笙はぶんの家、笛はおふの家、篳はあ倍家の秘本もて……

との文言が見える。即ち三方楽所の京都方、豊家《ぶんのけ》（家業は鳳笙）、多家《おほのけ》（家業は神楽歌・舞等）、安倍家《あべけ》（家業は篳篥）である。周人たちが京都方の楽家の秘本を学べる立場にあったことがうかがえる記述である。

ここで、これらの資料に見えている人名に注目してみたい。

3a『太鼓譜』序　　天保十五辰秋　湖西　兵部卿
3b『龍笛譜』序　　天保十五辰夏　湖西　兵部卿
3c『鳳笙譜』序　　天保十五辰秋　湖西　兵部卿
5『篴譜』目次冒頭　　淡海　兵部卿　訓
5『篴譜』跋文末尾　　天保十五年　琵琶湖の浪士　兵部卿御覧
6『徳之則』本文冒頭　　淡海　三琴子　鑑定
7『龍笛譜』序　　天保中淡海両承師適来……
8『觱篥譜』内題　　江西久三酸丸伝之

「淡海」は近江国、「江西」は近江国の西、「湖西」は琵琶湖の西であろうから、いずれも近江国の人士から雅楽の伝授を受けたことがうかがえる。「兵部卿」「琵琶湖の浪士」「三琴子」「両承師」「久酸丸」がいかなる人物であるかは未詳である。庄内藩と近江国との雅楽の交流について今後調査したい。

ところで坂本守正氏の著書『酒井玄蕃の明治』[28]七「その書と笛と詩と」の2「笛」に、

武家による雅楽演奏の趣味は、江戸が幕府の首都として発展するにともなって王朝文化への旺盛な憧憬が高まり、その復活に武家貴族が競って情熱を燃やしつづけていらい、しだいに地方へも普及を促したあらはれである。庄内医家進藤周人（一七九八―一八六二）[29]が「琵琶湖の浪士・兵部卿」から伝授をうけた雅楽の楽譜六巻には、天保・安政時代の日附があり、幕末期庄内における雅楽普及の一斑を示すもの、その裔、進藤晋一医博（東京）の所蔵にかかる。

とある。周人の後裔進藤晋一氏[30]の所蔵なさっていた「雅楽の楽譜」六巻が何を指すのか、現在の中京大蔵本に含まれているのかは不明。案ずるに、楽書3ａｂｃの小冊子は恐らくこれには該当せず、5『篴譜』（一冊、天保十五年跋）、6『徳之則』（一冊、安政紀元跋）、7『龍笛譜』（三冊、安政五年序）、8『觱篥譜』（一冊）の計六冊が、或いはこれに該当するのかも知れない。

さらに『龍笛譜』序（笙笛太鼓合譜序）に

雖然素貧無資、纔索古竹、而自製一管、乃就服弥公而頗学習焉。

とあり、自分で古竹を探して笛を作って服弥公に学んだことが書かれているが、この人物についても未詳である。また右で触れた3ａ『太鼓譜』末尾に見える和琴・箏の「四辻殿」、琵琶の「伏見宮・今出川殿・西園寺殿・花園殿」、5『篴譜』跋文に見える「豊家・多家・安倍家」など中央の楽家や公家との関係も今後調査を要する。

一方右の『龍笛譜』序（笙笛太鼓合譜序）の続きに、

又游于崎陽、与清人林徳建交善。徳建通于今楽九聯環、乃従而学長笛及月琴胡琴拍板等。其帰国也、夜独登釈迦嶽、截虎斑竹、自造鳳管、椰子殻為匏、真一奇品也。又金線為絃、製六絃琴、一絃二条、撃以細桴、声韻清亮可愛。命曰湖上琴。

とある。崎陽（長崎）の清人林徳建は清楽（長崎を通じて伝わった清の歌曲・器楽曲）の中心人物の一人である。具体的な資料は本写本群には含まれていないものの、周人が林徳建から直接明清楽を学んでいたらしいこと、それも林徳建の帰国後自ら楽器を作製するほどだったことは注目に値する。

以上、本業の医業以外に漢学や音楽に周人が大きな業績を残していたことを確認できた。さらに実際に使い込まれた痕跡に満ちた楽譜や、その遊び心に満ちた洒落た書体、経書の典故を用いた書名、また粋な趣向を凝らした印などを見るに、高い教養のみならず、彼がそうした活動をとても楽しんでいた様も感じ取ることができる。今後は他の資料と照らし合わせながら、周人の雅楽・琴学・明清楽に関する活動の実態を詳細に調査したいと考えている。

注

（1）庄内人名辞典刊行会編『新編庄内人名辞典』（庄内人名辞典刊行会、一九八六年）、長南寿一編『庄内文化芸術名鑑』（六兵衛館、一九八二年）、玄々堂蘆汀編『荘内文雅人名録　附荘内人著書目録』（あかたに書店、一九三五年）等による。

（2）『鶴岡市立図書館・鶴岡市郷土資料館　郷土資料目録』（鶴岡市立図書館・鶴岡市郷土資料館編集発行、一九七九年）による。

（3）乾隆御纂／医宗金鑑『種痘要旨』（進藤周人解題／句読／附録／追跋、京都大学附属図書館富士川文庫［シ／99登録番号185116］）。京都大学貴重資料デジタルアーカイブによった。

（4）清呉謙等奉勅纂修『御纂医宗金鑑』九十巻、乾隆七年（一七四二）。本書は宝暦二年（一七五二）に日本に伝わったとされる。

（5）『種痘要旨』本文末尾に「日本　大泉　晋之鼎周人父　句読」とあり、「種痘要旨附録」の冒頭に「大泉　晋鼎周人父　編」とある。

（6）久松宗作編『続保定記』「下総国印旛沼古堀筋掘割御普請仕様帳（天保十四年卯九月）」に「高台と申所二百五拾九間庄内人足、夫より柏井村迄両側新兵衛・七九郎手の雇」とある（改訂房総叢書刊行会『改訂房総叢書』第五輯によった）。

（7）渡部英三郎「徳川幕府の印旛沼開鑿事業（下）：江戸時代土木事業史資料として」（『社会経済史学』四巻二号、一九三四年五月）によると、天保期の工事に於ける庄内藩酒井左衛門尉の担当区域は「高台より柏井村迄十八町」、秋月藩黒田甲斐守の担当区域は「検見川村馬加《まくはり》村の間海口迄三十町余」であった。

（8）本写本及び本学所蔵写本群では、人名の右に傍線、地名の右に二重傍線が引かれているようなので、以下本稿でもそれに従う。

（9）「阪尾賢君」は致道館の句読師・助教阪尾萬年。文集1『晋文』の巻一・四・五・六に見える「幽栖阪尾老」「阪尾翁」「阪尾幽棲」「幽棲翁」に同じ。付帯冊子3を参照。

（10）この項は山寺美紀子氏のご教示によった。

（11）「倜」の字の本来の音は「てき」であるが、ここでは自らの名「周人」を「にんべん+周」という一文字で表した、一種の洒落た遊びであろうと思われる。

（12）前注では「倜」は「周人」を一文字で表したものではないかとしたが、ここでは「晋倜周人」としているため、「晋倜」の名も用いた可能性がある。

（13）小松茂美『利休の死』（中央公論社、一九八八年）

（14）この項は琳琅閣書店のご教示によった。

（15）巻二末尾に「右二伝、文化季年之作。失其稿久、近獲之友生之所而録焉。亦不敢校。鼎識　安政六（一八五九）巳未冬」と記されている。

（16）周人の曾祖父進藤重記が祠官を務めた神社である。末尾に「維時天保七年（一八三六）丙申秋七月　進藤重記曽孫女婿爾周人　謹撰」とある。
（17）漢学4『春秋経伝解』の序文。
（18）いわゆる桜田門外の変について論じたもの。
（19）漢学3『左氏伝議』の題辞。題名の下に「改竄更稿載于次編、此全文宜刪去」との注記があり、続く本文の刪去すべき本文が［　］で囲んである。
（20）漢学3『左氏伝議』の題辞。前注に「次編」とあるのは恐らくここを指す。漢学3『左氏伝議』冒頭の題辞はこの『晋文』巻五所収の題辞と、若干の異同はあるもののほぼ同一である。巻四所収の題辞（前注）は採用されなかった原稿であろう。
（21）現在の『易學叓始』にこの題辞は見えない。
（22）『種痘要旨』末尾の「種痘施術役者」に名前が見える。
（23）付帯冊子3に同じ。なお付帯冊子もこの書簡に「鄙著書目」が続く。
（24）題名の下に「大槪士廣云泱泱大作自有龍詩以來無此詩」の書き込みあり。
（25）坂本守正『瘞琴碑について—金峰山中に琴をうずめた史話』荘内人物史攷1（荘内人物史研究会、一九八一年）
（26）『徂徠集』巻二十三「与藪震庵　附問答」の文言が引用されている。この項山寺美紀子氏のご教示による。
（27）「笙笛太鼓合譜序」の「乃従而学長笛及月琴胡琴拍板等」の箇所、『龍笛譜』序は「乃従而学長笛及月琴胡琴」に作り「拍板等」の三字を欠く。
（28）坂本守正『酒井玄蕃の明治』（荘内人物史研究会、一九八二年）
（29）生没年は原文のママ。
（30）進藤晋一、号虚籟。医学関係の業績の他に『漢詩散歩』（漢詩人社、一九八一年）、『書のための漢詩手帖』（木耳社、一九八七年）、『漢詩作詩小事典』（木耳社、一九九一年）等の著書がある。万年筆のコレクターとしても有名。

山県大弐述『琴学正音』について

山寺美紀子

一、はじめに

山県大弐（名は昌貞、一七二五〜一七六七）は、闇斎学と徂徠学を学んだ儒者、兵学者であったが、反幕府の嫌疑により所謂「明和事件」で刑死した。大弐の学問は多岐に亘り、音楽に関しても次の三点の著書を残したことが知られる。すなわち中国伝来の琴《きん》（後述）に関する研究書『琴学発揮』、及び荻生徂徠著『楽律考』と『楽制篇』の各注釈書である。[1] さて本稿では、この三点のほか新たに伝存が認められた大弐の『琴学正音』について取り上げる。

そもそも『琴学正音』の存在が初めて報告されたのは、一九八〇年代に稗田浩雄氏が、庄内藩医進藤周人（一八〇三〜一八六四）旧蔵で当時は後裔の晋一（虚籟）氏所蔵の荻生徂徠著『琴学大意抄』転写本一冊の後半部に、「琴学正音　峡中　山県昌貞述」と題する別本が合写されているのを見出し、大弐の新出資料として紹介したことによる。[2] ちなみに、国文学研究資料館『国書データベース』等の目録類には、「琴学正音」と題する大弐の著作は未収載である。その後、筆者は偶々、関西大学図書館が所蔵する『琴学大意抄』転写本の一つにも、同じく内題に「琴学正音　峡中　山県昌貞述」と記す別本が合写されているのを見出したため、[3] 稗田氏から頂いた進藤周人旧蔵本のコピーとこれを照合したところ、両者は同系統の写本であることが認められた。よって管見では、『琴学正音』の伝本は二本確認できた訳であるが、この度、更なる偶然で、進藤周人旧蔵本そのものが中京大学の収蔵となり、原本を詳しく調査する機会に恵まれた。そこで本稿では、現時点で確認し得た『琴学正音』の伝本二本の書誌に若干の考察を加え、大弐の著作であることの真偽を検証した上で、翻刻を載せ、未だほぼ知られていないと言える『琴学正音』を紹介する。なお本稿では以下、進藤周人旧蔵で現在中京大学所蔵本を中京大本と、関西大学所蔵本を関西大本と略称する。

二、中京大本と関西大本の書誌

書誌について述べる前に、『琴学大意抄』と『琴学正音』が言うところの「琴」と「琴学」について簡単に紹介しておく。この「琴」とは、中国で古来、儒者を初めとする知識人の修養として愛好されてきた七絃琴《しちげんきん》（古称は「琴《きん》」、現在の呼称は「古琴」）のことであり、その音楽は、付随する学問・思想を含めて「琴学《きんがく》」と称される。この七絃琴（以下「琴」は全て七絃琴を指す）は、日本には奈良時代に伝来し、平安末頃に演奏伝承が途絶えたが、江戸期に入ると、中国から渡来した明の禅僧、東皐心越（一六三九〜一六九五）が日本で弾琴を教授したことが主な契機となって、再び広く演奏されるようになった。また江戸期には、礼楽思想に基づいて理想とする古楽の探求が盛んに行われたことから、弾琴を嗜む者のみならず、琴の楽理や来歴を日本の雅楽と併せて研究する者も現れた。荻生徂徠（一六六六〜一七二八）の『琴学大意抄』は、琴の古楽を再興するという目的で書かれたもので、中国古代聖人が定めた古楽の調制が、琴の調と日本雅楽の調子に遺存するという見解などが述べられている。(4) 本書は写本で広く流布したため、筆者もこれまで『琴学大意抄』の転写本を三十本以上見てきたが、『琴学正音』を合写したものは、前述のとおり中京大本と関西大本の二点が確認できたのみである。各伝本の書誌は以下のとおり。

中京大本は、本書所収の明木茂夫氏の論考「庄内藩藩医進藤周人旧蔵書――その音楽関連の写本をめぐって」に取り上げる進藤家旧蔵書群の一つ『琴学大意抄／琴学正音』写本一冊である。表紙は破損し（詳しくは明木氏論考参照）、その表題は不明であるが、一〜四三丁に『琴学大意抄』を、四四〜七三丁表に『琴学正音』（内題は前掲のとおり）を書写し、末尾（七三丁裏）の奥書には「琴学大意抄終　市隠洞　晋望　騰《（ママ謄）》写」と記す。巻頭に「市隠洞蔵」の印があり、地に「琴学」と墨書する。本書は進藤周人蔵書と言われるが、(5)奥書によると、謄写したのは周人の息子の晋望であるともみられ、書写の経緯は未詳である。

なお附言すると、周人は琴を嗜み、『琴学大意抄』及び『徂徠集』に見える荻生徂徠の琴と雅楽等に関する楽論を検討した上で、(6)自らも『琴則』と題する著作を残していたことが、他の周人旧蔵書から窺い知れる。(7)また、江戸期の庄内藩では、そもそも琴を嗜んだ者が少なくなく、そのうちの一人であった藩士相良儀一の遺琴を金峰山中に埋めて「瘞琴碑」を建てた出来事が知られるが、(8)周人は、当時その建碑に尽力した藩校致道館助教の阪尾萬年（一七八六〜一八三六）と交流があったことも、周人の旧蔵書群から確認できた。(9)

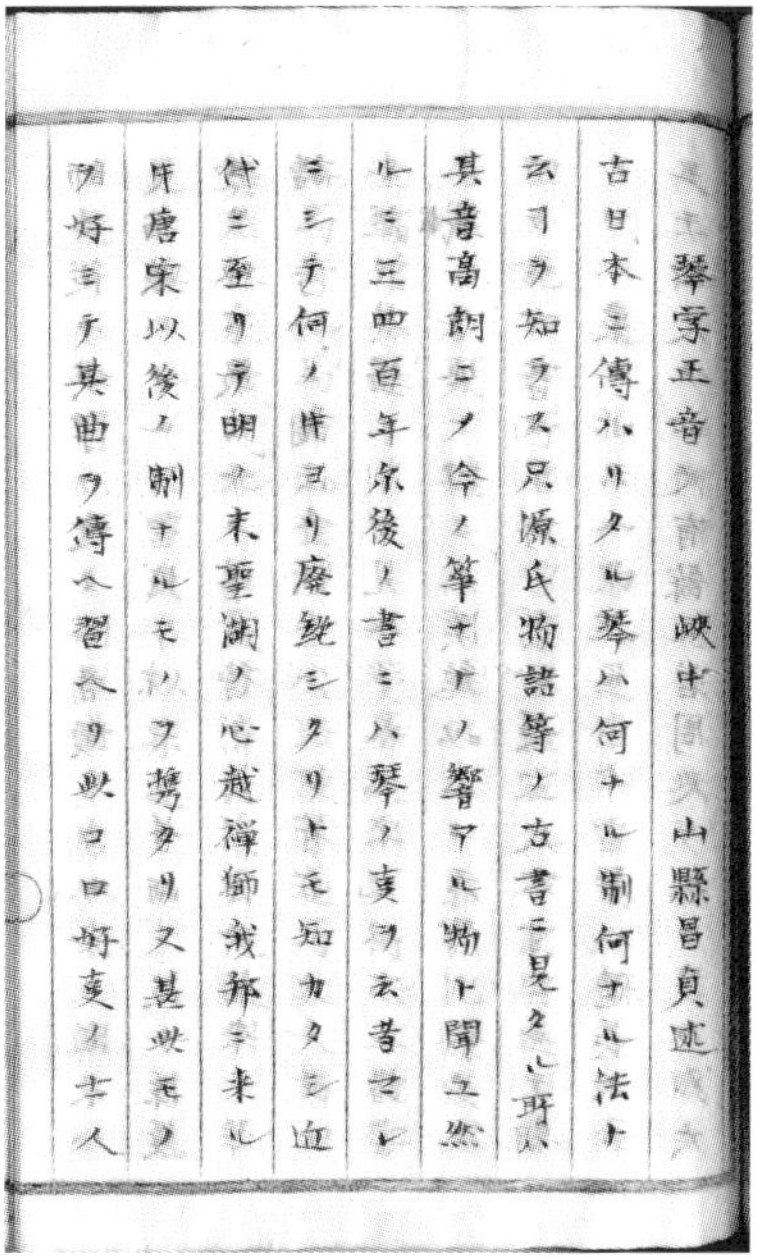
琴学正音　峡中　山縣昌貞述
古日本ニ傳ハリタル琴ハ何ナル制何ナル法ナ
ルコヲ知ラズ只源氏物語等ノ古書ニ見タル所ハ
其音高朗ニシテ今ノ箏ナドノ響アル物ト聞ユ然
ルニ三四百年來後ノ書ニハ琴ノ事ヲ云者ナシ
ニシテ何ノ時ヨリ廃絶シタリトモ知カタシ近
代ニ至リテ明ノ末聖湖ノ心越禅師我邦ニ来ル
唐宋以後ノ制ナルモノヲ携タリ又甚此モノ
ヲ好ミテ其曲ヲ傳ヘ習ヘリ此ヨリ好事ノ士人

中京大本『琴学大意抄/琴学正音』より「琴学正音」冒頭

関西大本は、関西大学図書館生田文庫所蔵『琴学大意抄』写本一冊［L1*768.12*243*1］である。表紙題簽は「琴学大意抄　全」とあり、一〜三七丁に『琴学大意抄』を、三八〜六三丁表に『琴学正音』（内題は前掲のとおり）を書写する。末尾

（六三丁裏）には「安政七庚申季春　林秀実書」「大尾」と記し、巻頭に「林氏図書」「生田図書」の印がある。よって、本書は安政七年（一八六〇）三月に「林秀実」が書写したものと知られるが、この林氏が如何なる人物か管見では不明である。

三、『琴学正音』が山県大弐の著作であることの検討

先に述べたように、『琴学正音』は国書データベース等に未収載の資料であるため、山県大弐の著作であることの真偽を、伝本の来歴と本書の内容から改めて検証したい。前者に関しては、関西大本の来歴が不明なため、以下、中京大本の来歴に着目して、庄内藩と大弐との関連性から検討する。

山県大弐と親密であった兵学者の松宮観山（一六八六～一七八〇）は、明和事件に連座して江戸追放となったことが知られるが、国分剛二「松宮観山と堀季雄」（伝記学会『伝記』第二巻・第七号、一九三五年七月）及び稗田浩雄『修訂近世琴学史攷』七九〇～七九五頁によると、庄内藩士の中には、江戸在勤中に観山に学び、明和事件の際には藩庁に進退伺を出して謹慎した者が数名いたという。中でも注目したいのは、堀季雄（一七三四～一七八六）である。彼は、観山とは非常に深い関係であり、また江戸では小野田国光に俗学《ママ》（あるいは俗語《ママ》）を学び、医師鈴木修敬に傷寒論を学んだと伝えられる。[10] その小野田国光（東川、一六八四～一七六三）とは、前述の東皐心越の孫弟子に当たる人であり、心越所伝の琴曲——その大部分は中国語の歌辞を歌いながら弾奏する琴歌であった——の演奏法を多くの人に教え広め、また当時、将軍徳川吉宗の主導で行われた琴楽再興事業に携わったことでも知られるが、[11] 特筆すべきは、大弐も国光から琴曲を学んだと、自身の著述中に述べていることである。[12] よって右の「俗学」あるいは「俗語」というのは、

琴のことであったとも考えられ、そうでなくとも、生業として弾琴を教えていた国光から、季雄が琴を学んだ可能性は高く、それならば季雄と大弐は琴の同門であったとも言えよう。ちなみに、鈴木修敬（蘭園、一七四一〜一七九〇）も琴学における重要人物である。[13] したがって、季雄ないし彼と共に江戸に登った庄内藩士により大弐の『琴学正音』が伝えられ、更に庄内で転写されて伝存したのが中京大本であるとみても、あり得ないことではないと言えよう。

次は、『琴学正音』の内容を、大弐の他の著書と照合しながら検討する。先にそれらの書誌事項を並べて挙げておくと、『琴学正音』は、前述のとおり冒頭に「峡中　山県昌貞述」とあり、漢字片仮名交じり文で著述したもので、成書年は不明である。一方、大弐の琴に関する他の研究書『琴学発揮』は、自序の年時は宝暦十三年（一七六三）太蔟（一月）とあり、上下二巻からなる各巻冒頭に「峡中　山県昌貞著」と見え、漢文体で著したものである。『楽律考』注釈書は冒頭に「東都　物茂郷《ママ卿》撰／峡中　県昌貞註」（物茂卿は荻生徂徠のこと。／は改行）とあり、『楽制篇』注釈書は冒頭に「東都　物茂卿撰／峡中　山形《ママ県》昌貞註」とあり、両書とも漢文体による著述であり、成書年は不明である。

さて『琴学正音』を概観すると、本書は初めに、大弐自身が学んだ東皐心越所伝の明朝琴楽（つまり現行の琴楽）が、古代日本に伝えられた古の琴楽、ひいては中国周・漢代の古楽を遺存したものとみることが出来るか否か、という問題を提起した上で、『楽律考』『楽制篇』『琴学大意抄』等に見える徂徠の学説に基づきながら、概ね以下の①〜④の問題について詳細に分析を加え、自身の解釈と見解を論じたものとなっている。

①十二律の基準音たる黄鐘律の中国歴代における音高の変遷と、日本の十二律、及び琴の音律との関係性

②琴の五種の調絃法と、周・漢の遺制とされる相和三調を含む古楽の五調、及び日本の雅楽の調との関係性

③明代の琴譜を含め、中国の文献に見える様々な琴の調絃法や調絃をめぐる諸説について

④唐代の燕楽二十八調について

このような本書の内容を、大弐の他の著作と比較照合したところ、右の①に関しては、『楽律考』注釈書に見える内容と一致しており、②③④については、『琴学発揮』と『楽制篇』注釈書と重なる内容が多かった。特に②に関しては、大弐は『楽制篇』注釈書の中で、自身と徂徠の見解が一部異なることを述べ[14]、『琴学発揮』上巻「温故」では、その独自の見解を論じているが、『琴楽正音』においても、これらの著述に見える自説と同じような内容が述べられていた。この点は、『琴楽正音』がまさに大弐の著述である論拠となろう。加えて、『琴学正音』には、琴の五調ないし三調の法について言及した後に、「此法、即コレ古楽ノ調法ニテ、我邦ニ伝ル処ノモノ也。詳ニ別書ニ記ス。」と述べる箇所が見えるが、『琴学発揮』上巻「温故」と『楽制篇』注釈書には、そのことが詳しく記述されているのが確認できた[15]。また、『琴学正音』で右の④について言及した箇所には、「故ニ燕楽ノ調法モ後世ハ明ナラヌコトニ成タリ。別ニ解スル処アリ。爰ニ略ス。琴ヲ以テ試ムレバ、皆此方ノ楽ノ調名ト符合ス。如此サマザマノ法アレドモ、畢竟、宮・商ノ二律ト、律・呂ノ二調ニ帰スルコト也。」と見えるが、ここに「別ニ解スル処アリ。」と述べるとおり、その燕楽の調法の解釈については、『琴学発揮』上巻「温故」に詳しく論じているのが確認できた。しかも、論じたその箇所では、結論として「実不過宮・商二音、其它則亦律・呂之別也。」と述べるが[16]、この内容は、文体こそ異なるものの、右に引用した『琴学正音』の末尾の文言（点線部）と通じることも認められよう。

以上のことから、『琴楽正音』は山県大弐の著作であると判断して問題ないと思われる。幸いにも、伝本が二本（中京大本と関西大本）確認できたことから、これらを校合した上で、次章に『琴学正音』を翻刻する。

注

（1）三点とも甲陽図書刊行会校訂『山県大弐遺著』（甲陽図書刊行会、一九一四年）に翻刻・収録されており、『琴学発揮』のみは大弐自筆本が山県神社に現存する。飯塚重威『山県大弐正伝――柳子新論十三篇新釈』第二篇「琴学に関する諸書について」（三井出版商会、一九四三年）等の大弐の著作に関する論考や目録類では、大弐にはまた『復古琴譜』なる逸書があるとされるが、私見では『琴学発揮』末尾に附載する琴譜がそれに当たる可能性が高いと考え、本文では特に挙げなかった。なお、本稿では以下、『楽律考』『楽制篇』注釈書は右の『山県大弐遺著』に拠り、『琴学発揮』は山県神社所蔵本に拠る。いずれも引用の際は、漢字を常用の字体に改める。

（2）稗田浩雄「古桐遺響――庄内の琴韻」（『冬青』第三六号、一九八七年四月）にて初めて報告され、同氏の『修訂 近世琴学史攷』（東洋琴学研究所・梁谿山房、私家版、二〇二〇年）六一七頁においても紹介する。岸辺成雄『江戸時代の琴士物語』（有隣堂印刷、私家版、二〇〇〇年）三六八頁でも紹介されているが、その中で本書を「大阪の小畑家の蔵書」とするのは誤認であろう。

（3）関西大学図書館生田文庫所蔵『琴学大意抄』写本一冊［L1*768.12*243*1］。詳しくは本稿第二章。

（4）『琴学大意抄』については、拙稿「荻生徂徠の楽律研究――主に『楽律考』『楽制篇』『琴学大意抄』をめぐって」（『東洋音楽研究』第八〇号、二〇一五年）、「荻生徂徠著『琴学大意抄』（荻生家所蔵 徂徠自筆稿本）注釈稿（一）」（『國學院大學北海道短期大学部紀要』第三四巻、二〇一七年）等に詳しい。

（5）稗田浩雄「古桐遺響――庄内の琴韻」と『修訂 近世琴学史攷』六一七頁に、本書は「進藤周人の楽書」と紹介する。当時の所蔵者であった進藤晋一氏がそのように伝えられたのだろう。

（6）次注（7）に取り上げる周人の著作『琴則』の自序、及び中京大学所蔵進藤周人旧蔵書群中の写本一冊『物子楽説抄』の内容から窺える。後者についての詳細は、本書所収の明木氏論考を参照されたい。

（7）周人の著作目録「鄙著目録」（周人の文集『晋之乗』に付帯、また同じく周人の文集『晋文』にも収載。詳しくは明木氏論考）中に「琴則一巻」と見える。中京大学所蔵進藤周人旧蔵書群中に『琴則』という著作は存しないが、『晋文』巻一に

「琴則自序」が記載されていた。この自序の概要は以下のとおり。すなわち前半に『琴学大意抄』を参照したと思しき文言が見え、また、日本に伝存する琴の古楽譜に関する徂徠の書簡（『徂徠集』巻二十三「与藪震庵」第四書に見える）の一部が引用されている。文末には、「先哲の遺訓を折衷して私にこの書（『琴則』）を編んだ」等々と述べている。

（8）坂本守正『瘞琴《えいきん》碑《ひ》について――金峰山中に琴をうずめた史話』（荘内人物史研究会、一九八一年）に詳しい。

（9）前掲の「鄙著目録」二点はどちらも、阪尾萬年（鶴陵）に宛てた書簡が共に収録または合綴されており（詳しくは明木氏論考）、これによって彼らに交流があったことが知られる。なお周人の『晋之乗』には、瘞琴碑の碑文の写しも付帯されていた。

（10）国分剛二「松宮観山と堀季雄」五頁では、堀季雄の伝「清浄府君少公行状」に拠り、季雄が「俗学（国学事カ）を小野田国光に、傷寒論を医師鈴木修敬に……学んだ」と述べる。稗田浩雄『修訂　近世琴学史攷』七九四頁では「「清浄府君少公行状」には「俗語を小野田国光に従ひ学ばれける。厚く志し玉ひて著述もまた多かりしとぞ。傷寒論を鈴木修敬といへる医師にくはしく問はれける。」と記載されている。」と述べる。筆者は「清浄府君少公行状」を未見のため、右の両論考を引用し、季雄が国光から「俗学」あるいは「俗語」を学んだとしておいた。なお『修訂　近世琴学史攷』七九五頁には、「須田古龍の『酒田聞人録』中には季雄は山県大弐に学んだと書かれている。」とも述べる。

（11）小野田国光については、坂田進一『「玉堂琴譜」論攷――浦上玉堂　琴の世界』（学藝書院、二〇二一年）五九～六三頁、山田淳平・山寺美紀子「享保年間における徳川吉宗の琴楽再興――思想と実践の結節点」（『日本伝統音楽研究』第二〇号、二〇二三年）三三頁等に詳しい。

（12）『楽制篇』注釈書の大弐注釈文中に、「余嘗従小野田国光学琴操」（二四頁）とある。

（13）鈴木修敬については、稗田浩雄『修訂　近世琴学史攷』八四九～八六一頁に詳しい。

（14）『楽制篇』注釈書二八～三一頁による。ごく簡潔に述べると、琴の調絃法と相和三調の関係について、徂徠は緩角調を平調に、清商調を清調に対応させ、大弐は緩角調を清調に、清商調を平調に対応させている点が、特に異なるとみられる。

（15）『琴学発揮』四丁表～七丁裏、『楽制篇』注釈書二一～三一頁に見える。

（16）『琴学発揮』九丁裏～十一丁表に見える。

四、「琴学正音」翻刻

中京大本と関西大本を校合したところ、幾つか同じ箇所に脱字や明らかな誤字が見られ、朱書の箇所も同じであった。よって、両者は同一の祖本から転写された（あるいは転写を重ねた）同系統の写本であるとみられる。ただし関西大本には欠落した一文と一語があり、中京大本の挿図の上に書き込まれた注記が関西大本には見えない、中京大本には闕字が見られるが関西大本にはない、といった相違もある。また両者には各々、書写者による誤写と思しき異同や独自の書入、判読が難しい文字も見られる。そこで、それぞれの不備を互いに補うべく、底本は中京大本、対校本は関西大本として校訂を加えながら、以下に翻刻する。

凡例

一、漢字の異体字・俗字・旧字等は常用の字体に改めた。仮名の合字等は通考の字体に改め、仮名の濁点を補った。ただし「調フ」とその活用形については、「調《シラ》ブ」と「調《トトノ》フ」の両方が考えられるため、とりあえず濁点は加えず底本のままとした。反復記号は「々」または該当する文字に改めた。

一、底本・対校本ともに句読点は見えないが、私に句読点と並列点を補った。

一、二行組の注部分は〔 〕で括り、闕字の箇所は底本どおりに一字空けた。小字・傍線・改行も底本のとおりに表記した。脱字の箇所はおよそ一字分を□で示し、判読または表記できない字は■で示した。

一、書名には『　』を附し、書名・人名の略称等には、右傍の（　）内に通行あるいは正式名称を補った。
一、誤写・誤記と思しき箇所については、（ママ）と傍記し、（　）内に修正を示したものもある。
一、対校本（関西大本）によって底本（中京大本）を補訂して翻刻した箇所は、文末の校注に校異を示した。校注では、関西大本を関、中京大本を中と略記し、校異は「関「〇」―中「〇」」または「関「〇」―中無し」のように示す。
一、本書には（底本・対校本ともに）図が二点記載されているが、本翻刻では挿図の箇所を示すのみに止め、図は省略する。

琴学正音　　峡中　山県昌貞述

古日本ニ伝ハリタル琴ハ、何ナル制、何ナル法ト云コトヲ知ラズ。只『源氏物語』等ノ古書ニ見タル所ハ、其音高朗ニシテ、今ノ箏ナドノ響アル物ト聞ユ。然ルニ、三、四百年爾後ノ書ニハ、琴ノ事ヲ云者マレニシテ、何[1]レノトキヨリ廃絶シタリトモ知ガタシ。近代ニ至リテ、明ノ末、聖湖ノ心越（東皐心越）禅師、我邦ニ来ルトキ、唐宋以後ノ制ナルモノヲ携ヘ[2]タリ。又甚此モノヲ好ミテ、其曲ヲ伝ヘ習ヘリ。此コロ、好事ノ士人、師ニ従テ其学ヲ受タル者、頗多カリシニ、近来ハ又稍振ハザルコトニ成リ、余モ亦善（ママ弾カ）師ニ従テ操縵ヨリ以下数十[3]曲ヲ学ビ得テ、是ヲ以テ舶来ノ琴譜ニ考ルニ、調法・手法コトゴトク符合セザルコトナシ。然ドモ其器ノ制ヲ見ルニ、大抵宋元以下ノ諸書ニ載スル処ト同クシテ、漢魏以上ニ云所ノモノニアラズ。古書ニ云所ノ琴ハ、長三尺六寸ニシテ、期ノ日ニ象ルト云ヘリ。然ルニ今ノ琴ハ甚長大ニシテ、曲尺ノ四尺有余也。若周尺ヲ以テ度ラバ、六尺ニ満ツベシ。何レノ時ヨリ此ノ若クニハ成タリケン。是ヲ扣ケバ、即云是唐ノ雷氏ノ制也ト。弇州ノ記スル所[4]、唐人雷霄、雷盛、雷珏、雷文、雷迅ノ曹、皆名ヲ斲琴ニ擅ニスト云。又、唐ニ郭亮、沈鐐、張鉞、金儒、僧三慧アリ。宋ニハ葵（ママ蔡）睿、朱仁霽、衛忠正、趙仁済、馬奇（ママ希）仁、馬希元（ママ）、金淵、金公路、陳亨道、馬大夫、梅四、龔老、林泉（ママ）アリ。元ニハ厳方清、施渓雲[5]、施牧州[5]アリ。是ヲ総スルニ、只雷氏ヲ以宗匠トスト云ヘリ。是ヲ見レバ、今伝ル所ノ制ハ、全ク唐以来ノ法ニシテ、雷氏ノ規矩[6]ニ出タル物疑ヒナシ。其低濁ニ成タル故ヲ推スニ、凡古楽ノ音響大ニ変ジテ周漢ノ調法ヲ失タルハ、唐ノ楽制ニ八十四調ト云コトヲ立テ、是ヲ誠ノ古楽也トシテ、相和三調ノ類ノ古音アルモノヲ付ケ、薬（ママ燕）楽二十八調ト云テ、部署ヲ殊ニシテ夷楽ニ比シタルヨリ、律音モ調法モ皆新規ノ物ト成レリ。又後漢ノ比、九絃ノ琴・大琴ナドノコトアレバ、長大ニ成タルコトハ既ニ久シキコト成べシ。大抵今ノ琴音ハ、此ノ二途ニヨリテ卑微ナルコトニ成テ、戸外数歩ノ間ニテモ尚其韻ヲ分チガタシ。然レバ古レ（ママ）ハ、古ノ琴瑟相和ト云、天地ヲ感動スルナド云ヘルヲ見レバ、甚異モノノ如シ。其由ヲ縡《タヅヌ》ルニ、唐ノ楽律ハ、北朝ノ制ヲウケテ玉尺ヲ以作リテ、周漢ノ古律ニ比スレバ其音低濁ニ過テ、舞射・南呂ノ間ヲ倍声ヲ以テ黄鐘ノ律トス。然レバ琴音モ亦是ニ従テ下ルコト三律ナレバ、古制ノ儘ニテ此音ヲ調フベキニアラザレバ、自ラ其器ヲ改テ是ニ応ゼシムルヨリ、遂ニ如此ノ至微至濁ノモノト成タルナルベシ。昔シ明皇ノ羯鼓ヲ好テ琴ヲ好マザリシモ、此卑微ノ音ノ聞ニ足ラザルヲ以テ成べシ。所謂天地ヲ動シ鬼神ヲ感ゼシムルガ如キノ響アラバ、何以テカ羯鼓、兜時ノ音ニ減ズベキヤ。然レバ琴ノ長大ニ成タルモ、音ノ卑微ニ成タルモ、皆後世ノ訛謬ニヨリテ、古楽ノ漸々ニ亡滅シテ、先王ノ治道ノ復スベカラザルモ、又此ニ至ルコト悲ムベキアラズヤ。古我邦ニ存セル処ノ琴ハ、定メテ六朝以前ノ制ニテ、カカル側陋ノ音ニハアラジト思ハルル也。如此ノ物モ、後世妄為ノ杜撰ニ害ヲ受ルコト少カラズシテ、私智ヲ以テ大道ヲ誤ルコト少カラザレバ、今更怪ニ足ラズ。今ノ世、偶々今ノ琴操ヲ学ブモノモ、此一途ニ於テハ自ラ疑ハザルコトアタハズ。況ヤ　我邦ノ管絃ニ指ヲ染タル者ハ、此音ノ其習フ処ニ異ナルヲ以テ楽トスルニ足ラズト云テ、其数ニ入ザルモノ頗ル衆シ。八音ノ領袖成モノヲシテ如此ニ至ラシムルコト、歎慨スルニアマリアリ。然トイエドモ、唐宋以後ノ明儒、此事ヲ疑フナクシテ此ニ論ジ及ザルハ、彼ハ其土ニ生長シテ其風ニ化タレバ、古楽滅亡ノ後ニ在テハ、一人(ママ一人モ)周漢ノ遺音聞クモノ(ママモノ無)[7]也。タダ楽ハ如此モノト思ヒ、律モ亦其一代ノ制ノミヲ崇奉スレバ、古今ノサカヒ如何トモ知ルコトナク、後世ノ『琴経』、琴譜ハ即三代韶武ノ遺也トシテ、[8]是ヲ以テ金科玉条トスル成ベシ。我邦ニハ能周漢ノ曲ヲ伝ヘテ、律モ調モ皆古楽ノ制テ失シ(ママ制ヲ存シ)[9]、専門周ク是ヲ守ルガ故ニ、是ヲ以推求ムレバ、輓近海外ノ楽律ノ古法ニ非ザルコト昭然トシテ明カ也。然レドモ此器ニ至テハ古物既ニ伝ハラズ、考ベキニ由ナケレバ、姑ク近時ノ制ニヨリテ只其趣ヲ知リテ是ヲ学ブモノモ、全ク唐宋以来ノ曲ヲ弄ブトノミ思ベシ。然ドモ琴ハ本ト楽器ノ首タルモノ成レバ、音声ノ妙、是ニ過タルナシ。故ニ今ノ琴トイヘドモ、其律ヲ古ニシ其調ヲ改メバ、徽上ノ音森然トシテ其法アリ。一律ヲ得レバ即衆声皆正ク、一宮ヲ定ムルハ五音委ク備ハル。其器ノ古異成ヲ以テ、此妙ヲスツルニ忍ビズ。故ニ今、古琴ノ調法、一、二考ヘテ、後ニ是ヲアラハシ、且其由来スル処ヲ述ルコト如此。琴音ノ微ナルユヘンハ、全ク右ニ述ルガ如クニシテ、今又イカントモスベカラズ。先年、朝廷、越(東皐心越)師ノ伝ヲ得タル小野田国光ニ此事ヲ命ゼラレ、　本邦伝ル処ノ古楽ニ擬シテ譜百余曲ヲ造ラシム。其法、明ノ李之藻ガ『頖宮礼楽疏』ノ説ニヨリテ、正・応・和・同ノ四法ヲ以テ是ヲ笙譜ニ註ス。古譜イカナルカハ知ラネドモ、李之藻ガ説ハ全ク朱世子ノ杜撰ヲ祖述シタルモノニテ、後世古楽亡滅ノ際、姑ク模擬スルニ過ザルノミ。且、其時ニ此物ヲ以テ佗ノ管絃ニ合セントスルニ、微音ニシテ聞ベカラズ。絃ヲ張リ音ヲ調フルニ技巧百出スレドモ、高朗ノヒビキ企[10]ハ及ベカラズ、遂ニ合奏ニ便ナシ。是其制ト異ナル　我邦ノ大楽ト交渉ナキコト、是ニテ知ベシ。若、今強テ其音ヲ高清ナラシメンニハ、新ニ一琴ヲ制シテ、周漢ノ古法ヲ復セズバ、アルベカラズ。只其法ヲ求ルニ由ナキ而已。古ノ所謂琴ハ、後世名ケテ滕(ママ膝)琴ト云物ノ如シ。周尺三尺六寸、今ノ曲尺ニ比スルニ、僅ニ二尺五六寸ナルモノ也。是ヲ滕(ママ膝)上ニ横タヘテ弾ズルコトニテ、琴案ト云物ナシ。張大命ガ『琴経』ニ、古有滕琴而已、故曰琴按在滕(ママ膝)身須卓然。コノ言寔ニシカリ。然ドモ漢魏ノ間、大琴・中琴・雅琴等ノ異制アレバ、　我邦ニハイヅレヲ用タリトモ詳ニ知ルベカラズ。凡絃ノ類、瑟ト箏トハ皆柱[11]アリ、琴ト琵琶トハ左手是ヲ按ジテヒビキヲ取ル。柱アルモノハ絃ノ本ヲ離ルコト高シ。故ニ音自ラ高明也。琴ハ絃本ヲ去[12]コト卑シ。故ニ音清高ナラズ。末世ノ琴ハ長大成ルニヨリテ、絃イヨイヨ高カラザレバ、其声必ズ微ナリ。古琴ハ長ケ（ママサ）短カケレバ絃高カラズ、尚又清高成ルベシ。且へ（ママ）底面ノ制、槽腹ノ広窄ニヨリテ、音又大小ノ異アルベシ。絃ノ綸数モ古今ノ不同アリ。是ラノ法一端ニアラズ、況ヤ古ハ宮絃〔第一絃ヲ云〕ヲ宮音トシテ黄鐘ニ合ス。後世ハ多ク角絃ヲ宮トスル故ニ、宮絃ノ音ハコレヨリ低キコト五律ニ及ブヲヤ。又其宮トスル処、後世過濁ノ律ナレバ、其サカヒ又倍蓰ノミナラズ、其上管ノ声ハ中声ニシテ、琴ノ散声皆倍律ナレバ、微ニシテ聞ベカラザルハ宜也。是皆誤リテ重ネテ爰ニ至ルモノ也。今ニ於ハ器ヲ正スベキニ由ナケレバ、其律声ノミ成リトモ古ニ復シテ、我邦ノ調法ニヨリテ是ヲ正サバ、稍々古楽ノ趣ヲ見ルニ足ベキ也。

律管訛長ノ説ハ、詳ニ徠（荻生徂徠）翁ノ『楽律考』ニ載タリ。先ヅ、唐ハ玉尺ヲ用テ舞射・南呂ノ間ノ倍声ヲ黄鐘トス。宋ノ和峴ハ開宣（ママ皇）ノ尺ニヨリテ応鐘ノ倍律ヲ黄鐘トス。魏漢津、大晟楽ヲ作テ、其黄鐘ハ古ノ夷則ノ倍律也。明ノ洪武中、冷謙ガ律ノ黄鐘ハ古ノ仲呂ノ倍声ニアタレリ。只、五代□（ママ周）[13]ノ王朴ガ律尺、古尺ニ比レバ長コト僅ニ二分有奇ニシテ、其黄鐘稍古律ニ近シ。然ドモ此ノ律多ク用ラレズ、皆彼ノ過ノ律ヲ以テ古ナリトス。明ノトキノ琴士モ皆、其時ノ律ニヨリテ古ノ仲呂倍声ヲ黄鐘トシタル也。　我邦ノ律ハ、古ヨリ十二調名ヲ以テ伝来レドモ、其実ハ一也。後世楽家ニハ其一越声ヲ以テ黄鐘ニアツレドモ、是ハ別ニ其説アリテ、実ハ黄鐘調ヲ以テ黄鐘ニアツベキコト、詳ニ『楽律考』ニ述ルガ如シ。今、黄鐘ノ声ヲ古ノ仲呂トスレバ、一越声ハ即黄鐘ノ律ニアタル。明ノ冷謙ガ律ト符合、故ニ琴ノ第三絃ヲ一越ニ合スレバ、其宮絃即黄鐘声ニシテ、古ノ黄鐘ニ合ス。然ドモ其仲呂既ニ古ノ倍律ナルコトヲ弁ゼズ。又其倍声ヲ以テ宮絃ヲ調フル故ニ、其七徽ノ音、皆古ノ倍律ニナリテ、四徽ニ至テ纔中声ヲ得、然レバ此□[14]ニシテ差コト既ニ十二律豈過濁ナラザランヤ。[15]今、宮絃ヲ黄鐘ノ倍声ニ調ヘ、武絃ヲ中声ニ合セバ、是即チ古ノ琴音ニ復スト云ベシ。

凡琴ハ第一絃ヲ宮絃ト云、二絃ヲ商絃ト云、三絃ヲ角絃ト云、四絃ヲ徴絃ト云、五絃ヲ羽絃[16]ト云、六絃ヲ少宮ト云、又文絃ト云、七絃ヲ少商ト云、又武絃ト云。是古来ノ絃名也。琴ハ只黄鐘宮調ヲ主トスル故ニ、宮絃ハ必ズ黄鐘ノ律タルベシ。転絃ト云コトアリテ、他律ヲ宮トセントスレバ、或ハ二絃、或ハ三絃、或ハ四、五絃、皆転ジテ宮トス。ココニ於テ五調ノ名アリ。五調トハ正宮調・清商調・縵角調・緊羽調・漫（ママ縵）宮調コレ也。又、三調ト云コトアリ。正宮ヲ瑟調トシ、清商ヲ平調ト云、縵角ヲ清調トス。是即チ漢ノ相和ニシテ周房中楽ノ遺法也。　本邦ノ楽ニ平調ト云ハ、即古ノ平調也。双調ハ即清調也。又　本邦ノ楽箏ニ律呂ノ二調アリ。律調ト云モノ即平調ノ法ニシテ、呂調ハ即清調ノ法也。其三調ハ五調ノ中ノ清音也。イカントナレバ、琴ハ七絃ニテ其一絃ヲ宮トスレバ、五絃、羽ニアタル。是正宮調也。二絃ヲ宮トスレバ、六絃、羽ニ当ル。コレ清商調也。三絃ヲ宮トスレバ、七絃、羽ニ当ル。コレ縵角調也。四絃ヲ宮トスレバ、羽ニアツベキ絃ナシ。五絃モ亦然リ。故ニ三絃ニ至マデ正調トス。今、琴絃ニ纏アルモノ三絃ニ限ルモ、此調也。然ドモ五調ハ皆、黄鐘ヲ宮トスル上ニテ、五声ノ位置ヲ変ズルノミ。三調ノ法ハ、宮音ヲ変ジテ歌声ニ応ズル物也。其実同ジトイヘドモ、曲ヲ操ル時ハ必其異アリ。此法、即コレ古楽ノ調法ニテ、　我邦ニ伝ル処ノモノ也。詳ニ別書ニ記ス。又、今伝ル所ノ琴譜ニ、宮意・商意・角意・徴意・羽意ト云フコトアリテ、五調ヲ合ツニ似タリ。然ドモ譜ニ依テコレヲ考レバ、皆、正宮ノ一調ニテ、曽テ調法ニアヅカルコトニアラズ[17]。顧《ヲモウ》ニ、後世五調ノ法ヲ詳ニセズシテ、只宮調ノミヲ伝ヘタレバ、姑ク是ヲ以テ記号トスル成ベシ。故ニ、調トイハズシテ意ト云ニヤ。又其曲ニモ五音ヲ分テ、宮音・商音ト云。畢竟、皆、宮調也。古ノ五調ノ法ニアラズ。混シ看ルベカラズ。然ルニ今ノ琴譜ニ又、凄涼調・蕤賓調ナド云ル名目アリテ、宮調ニ就テ一、二、三絃ヲ転ジテ、是ヲ外調ト名付、衆曲ノ中纔ニ二、三ヲ伝フ。是即古ノ五調ノ僅ニ残レル物也。後世其調ヲ知ラズシテ、宮音ニ五意ヲ合チタレバ、却テ是ヲ外調トスル成ベシ。其実、凄涼調ハ即古ノ清商調、蕤賓調ハ古ノ緊羽調也。或ハ縵角調トモ云リ。然ドモ其蕤賓ヲ以テ名付ル所以ヲ知ラズ。モシ黄鐘ヲ以テ宮トスレバ、其均ノ中ニハ蕤賓ノ律ナシ。其俗呼ナルコト知ベシ。姑洗調、黄鐘ナド云ルモ皆此類ニテ、後世ノ謬称也。此外、外調ト云モノ甚多シ。『琴経』ニ載ル所三十余名、其内法ノ知ベカラザル物多シ。並ニ訛伝ノ調法ナレバ、取ニ足ラズ。凡調法ハ『史記』律書ニ載スル所、下生隔八・上生隔八ノ外有マヂキコトニテ、是ヲ錯採シテ琴絃ニ入テ転声スルニ、五変ノ外有ベキヤウナシ。後世教十法アル、（ママアルハ）甚心得ガタキコト也。隔八・隔六ノ法ニ違ヒテハ、絃ハ調マジキコト也。中古、五調ノ名目ヲサマザマニ変ジタルヲ、後人其意ニ通ゼズシテ、強テ其法ヲ定タルニヤ、覚束[18]ナシ。又、外調ノ中ニ縵宮調・縵角調・清商調・金羽調アリ。是即古ノ五調ニシテ、外トスベキモノニアラズ。金羽ト云ハ、即緊羽調也。又其中、泉鳴調ト云ハ、即縵宮調也。黄鐘調、姑洗調ト云皆、清商調同法也。五調ノ外ニ出タル物ニアラズ。其外、離憂・復古・側羽・側楚・上間絃・下間絃等、多ク知ベカラズ。中ニモ黄鐘調ト云モノ有ハ、益々怪ムベキコト也。黄鐘調ハ即正宮調也。此類ノコト考ザルベカラズ。今一々是ヲ削テ只其五調ヲ取ル。是古ニ復スルノ意也。然ドモ今世琴曲専ラ正宮ノミヲ伝フ。（『大還閣琴譜』）青山ノ譜ニ載処、黄鐘ニ胡笳十八拍、清商ニ陽関三畳、緊羽ニ瀟湘水雲、姑洗ニ秋鴻ノ類、僅ニ一、二ヲ存ス。[19] 委ク復スベカラズ。故ニ又只其調ノミヲ伝ヘテ古音ヲ失ハザランコトヲ要スルノミ。

宮音ヲ定ムルコト又一様ナラズ。李之藻ガ書ニ、葵之定（ママ蔡元定）之律、第四絃ヲ取テ宮トス。此古ノ夾鐘、俗ニ清徴調ト呼モノ也ト云リ。葵（ママ蔡）氏ノ意、四絃ハ七絃ノ正中ナレバ、是ヲ中声也ト思ヒテ、宮声ト定メタル成ルベシ。然ドモ此絃ハ徴ニアタリテ林鐘ノ律ヲ正トス。是奏調也。奏調ハ歌調ノ和ニテ仲呂・林鐘ノ二様アリ。仲呂ヲ宮トスレバ、徴絃、黄鐘ニアタル也。李氏是ヲ以テ古ノ夾鐘也ト云ハ、其法、角絃ヲ宮ニアツルヲ以テ徴絃ヲ夾鐘ト見タル也。[20] 清徴ト云名目ハ、大抵五音ノ序、黄鐘宮・[21]太蔟商・仲呂角・林鐘徴・南呂羽、是正調也。葵之定（ママ蔡元定）ハ、徴絃ヲ宮トシテ是ヨリ調ヲ起スユヘ、五絃ヲ太蔟トシ、一・六絃ヲ姑洗トシ、二・七絃ヲ林鐘トス。然レバ角絃ト徴絃トノ間二律ヲ隔テ、佗ノ調絃ヨリ視レバ、徴絃ノ音ハ一律高シ。故ニ徴ヲ清高ニスル意ニテ、清徴ト名ヅク。古ノ調法ヲ以テイヘバ、実ハ縵角調也。李之藻、一絃ヲ宮トスルノ古法ナルコトヲ知ラズシテ、三絃ヲ宮ト心得タレバ、其法ニヨリテ四絃ヲ夾鐘也ト思テ、是ヲ古調ト云。清徴ノ名目ハ、古法ノ絃名ニ合タルヲ、却テ俗呼ト云ハ、哂フベキコト也。又、明ノ冷謙ハ、改メテ二絃ヲ用テ宮音トス。乃チ古ノ無射調、俗ニ清商調ト呼ト云ヘリ。是又李氏ノ法ニヨリテ、三絃ヲ宮トシ黄鐘ニアツレバ、第二絃ハ二律ヲ下リテ、無射ノ倍声ニアタルガ故也。冷謙ガ意ハ、二絃ヲ宮ニアテテ、三絃ヲ商トシ、中絃角・五絃徴・六絃羽トアテ、其二絃ノ音ハ宮音ヨリ二律ヲ隔テテ調フ。是即古ノ縵宮調也。縵宮ハ商音也。清商調ニアラズ。凡古楽ハ宮音ト商音トヲ本トス。琴ニ宮・商ノミ太・少アル調也。一・六絃ヲ宮トスルハ宮音也。正宮調也。三調ノ瑟調是（ママ是也）。二・七絃ヲ宮トスルハ商音也。縵角調（ママ清商調カ）也。相和ノ平調是也。三絃・四絃ヲ宮トスルハ、此二調ト和ニテ角音・徴音ナリ。和声ヲ以テ云トキハ、角絃ヲ宮トスルノ法ナル故、角音ハ即正宮調ノ角ヲ宮トス。是縵角ノ均也。徴音ハ縵宮調ノ商ヲ宮トス。是清商ノ均也。故ニ燕楽ノ調法ハ四変ニ限ル。相和ニハ徴音ヲ用ヒズ。故ニ三調ニ限ル。然レバ、冷謙ガ説ハ商音ノ歌調ニテ、葵（ママ蔡）元定ガ法ハ其奏調也。皆宮音アルコトヲ知ラズシテ一偏ニ定ムル也。李之藻ハ宮音ノ奏調ヲ取テ商音アルコトヲ知ラズ。又一偏也。且李氏ガ調法ハ、角絃ヲ宮トシタレドモ、直ニ此絃ヨリ調ヲ起ス故、其実ハ正宮調ナレドモ、其宮トスル処殊也。俗呼テ清角調トスト云ハ、却テ古ノ絃名ニ合ヘリ。清角ト云ハ即正宮調ノ別称也。凡琴ハ正宮ヲ本トシテ、其角ハ一律ヲ高ジテ宮絃ニ和スル。是古法也。調ヲ起ス処ヲ以テ宮トスルハ、秦（ママ奏）調ノ法ニシテ、歌声ノ五音ニアラズ。漢ノ時、是ヲ瑟調ト云ハ、瑟亦専此調ヲ主トスルナルベシ。『後漢書』ニ、黄鐘ノ瑟、軫間九尺二寸、五絃、宮処於中、左右為商・角・徴・羽ト云リ。是ハ律書ノ相生ノ次序ニヨリテ、中天ノ一絃ヲ黄鐘ニアテテ、其手前ヲ商、又其手前ヲ角トシ、芋（ママ）向ノ方ヲ徴・羽ニアツルヲ云。前後二十絃ヲ除テ此五絃ヲ以テミレバ、即林鐘宮ノ正宮ニテ、琴ノ黄鐘宮ニハ順八ノ和也。古書ニ、琴瑟ヲ以テ君臣トシ、又琴瑟相和ト云ハ、是ヲ云ナルベシ。琴ハ歌ヲ主トシ、瑟ハ奏ヲ主トスト見ヘタリ。故ニ此調ヲ瑟調トハ名付ル成ルベシ。李之藻・朱載堉ノ楽書ニ瑟ノ調絃ヲ挙タルハ、古書ヲ考ヘズ、又楽ヲ知ラズシテ、妄ニ臆説ヲ成タル也。総ジテ琴ノ古法ハ、調ヲ起スコトハ□□[22]商音ニアリ。調ニ名付ルハ宮音ニアリ。今、三子ノ説ヲ合セテ、三調ノ義、粲然タリ。燕楽ノ四調モ亦此法ヨリ出タリ。只其商音ト云ハ清商ヲ云、角音ハ縵角ヲ云、羽音ハ縵宮ヲ云。古法ト同カラズ、緊羽ヲ徴音トスル。然ルガ故ニ燕楽亦此調ナシ。七宮・七商・七角・七羽、合セテ二十八調ナリ。

琴調、黄鐘ヲ宮トスルハ、五調共ニ同ジ。只其五音ノ変ニヨリテ五調調法、角絃ヨリ隔八相生シ五音ヲ成ス。先、文絃少宮ヲ定メテ黄鐘ノ律ニ合セ、是ヨリ七絃ヲ調フル也。徴絃ノ十徽ヲ按テ文絃ト同音ナラシムレバ、其散声即林鐘ナリ。次ニ徴絃ノ九徽ヲ按ジテ武絃ヲ調テ是ト同音ナラシムレバ、其散声ハ太蔟也。次ニ[23]角絃ノ十一徽ヲ按ジテ羽絃ノ散声ト同音ニスレバ、其散声ハ仲呂也。次ニ宮絃ノ十徽ヲ按ジテ角絃ノ散声ト同音ニスレバ、其散声ハ黄鐘ノ倍声也。又商絃ノ十徽ヲ按ジテ徴絃ノ散声ト同音ニスレバ、其散声ハ太蔟ノ倍声也。此二絃ハ七徽ヲ按ズレバ、即文・武二絃ノ散声ト同音也。如此ニシテ其次序ヲ見ルニ、宮絃ハ黄鐘、商絃ハ太蔟、角絃ハ仲呂、徴絃ハ林鐘、羽絃ハ南呂也。以上ノ五絃ハ並ニ倍声也。只文・武[24]ノ二絃、黄鐘・太蔟ノ中声ニ合ス。是黄鐘ノ本調ニテ五調是ヨリ生ズ。故ニ是ヲ正調、宮調トハイヘル也。其五音ハ、『史記』ニ云処ノ隔八相生ノ法ト少異アリ。是即歌奏ノ別ルル処也。凡古楽ハ歌奏異均ト云テ、歌声ト奏声トハ六八ノ和ヲ以テ合フコトニテ、同律ヲ以テセズ。故ニ堂上ニ黄鐘宮ヲ歌ヘバ、堂下ニハ仲呂・林鐘ヲ奏ス。琴ハ堂上ノ楽ニテ、歌声ニ応ズルモノ也。堂下ノ楽ハ歌声ノ角・徴ヲ以テ宮トス。若律書ノ如ク成トキハ、堂下ノ楽ハ只徴ニ応ジテ角ニ応ゼズ。故ニ琴ハ角ヲ一律高クシテ、奏声ノ宮ニ応ズル也。然レバ歌ト奏トノ別ハ、角・徴ノ二音ニアリ。歌調ノ角ヲ以テ奏調ノ宮トスルトキハ、即律書ノ五音也。奏調ノ徴ヲ以テ宮トスルトキハ、即琴ノ正宮也。故ニ奏ハ宮音ヨリ調ヲ起シ、歌ハ角音ヨリ調ヲ起ス。是古楽ノ定法也。又琴ハ黄鐘ヲ第一宮トシ、奏ハ第一宮（ママ）ヲ第一宮トス。今ノ一越調ハ即仲呂宮ニシテ、黄鐘ノ奏声也。琴ノ角絃ヲ以テ調ヲ起スユエンハ如此也。次ニ、商音ハ縵宮調也。正宮調ノ宮絃・文絃ヲ一律下ゲ、又角絃ヲ一律下グルトキ、徴絃ノ十一徽ノ按声、文絃ト同音ニテ、佗ハ皆九徽・十徽ノ按声ニ応ズ。是[25]徴絃ヲ以テ調ヲ起スノ法ナリ。是太蔟宮ノ歌調也。商絃ヲ宮トスルニ依テ、是ヲ商音ト云。次ニ、角音ハ緊羽調也。正宮調ノ羽絃ヲ一律商ヲ（ママ高シテ）[26]、角絃ノ十徽ニ応ジ、武絃ノ散声[27]、羽絃ノ十一徽ニ応ズ。是仲呂ノ歌調也。角絃ヲ宮トスル故、是ヲ角音ト云。次ニ、徴音ハ縵角調也。正宮調ノ角絃ヲ一律下ゲテ、十徽ノ按声、羽絃ノ散声ニ応ジ、角絃散声、宮絃ノ十一徽ニ応ズ。是林鐘宮ノ歌調也。徴絃ヲ宮トスル故ニ、是ヲ徴音ト云。次ニ、羽音ハ清商調ナリ。正宮調ノ商絃ト羽絃ヲ一律高シテ、徴絃ノ散声ヲ商絃ノ十一徽ニ応ズ。是無射宮ノ歌調也。羽絃ヲ宮トスルニヨリテ、羽音ト云。以上ノ四調ハ並ニ正宮ヨリ転絃シテナル琴ノ正音、此五変ニ過ザル也。是皆角音ヨリ調ヲ起シテ正宮ノ法ニ准ズル故、イヅレモ歌調ト云（ママ）知ベキ也。然ドモ古楽ハ、宮・商ノ二音ヲ主トシテ、角・徴ヲ以テ其和トス。其故ハ、宮[28]音ノ角絃ヲ宮トスルモ、商音ノ徴絃ヲ宮トスルモ、皆歌調ノ角音ニテ、律書ニ云処ノ五音ト同法也。故ニ奏調ハ角・徴ノ二音ヲ以テ主トシテ、又是ヲ宮・商ト云。然レドモ徴絃ヲ宮トスルトキハ、羽音ニアツベキ絃ナシ。故ニ角絃ヲ宮トスルヲ以テ限トシテ、三調ヲ古楽ノ正トス。然レバ、歌調ニモ亦角絃ヲ宮トスルコトアリテ、直ニ宮調ノ角ヲ以調首トスル故、宮調ノ法ト律書ノ法ト、両様ヲ以テ五音ノ変ヲツクス。是即今伝ル処ノ律調・呂調之（ママ也）。　宮・商二絃ノ音ハ並ニ律ニアタル故ニ、此二調ヲ律調ト云。角絃ノ音ハ呂ニアタル故、是ヲ呂調ト云成ベシ。是ヲ五音ニ被ラシムレバ、一音各律呂アリテ、互ニ歌・奏ノ調トナル。但、太蔟ハ呂調[29]ヲ用ユベカラズ。無射ハ律調ヲ用ベカラズ。故ニ五声ノ変、八ツニ限ル。是箏ノ調法ニ八変アル故也。六朝以来、又商音ノ和声ヲ取テ徴絃ヲ宮トスルコトアリ。故ニ燕楽ニハ四調ヲ挙グ。然ドモ是亦古ノ外調ニテ、イワユル楚調・側調ノ類ナルベシ。併テ是ヲ考レバ、角音ヨリ調ヲ起スト、宮音ヨリ調ヲ起スノ外、別ニ法有ニアラズ。畢竟、宮ノ五絃ヲ旋ルニヨリテ、五調トハナルコト也。　我邦ニ是ヲ律呂ニ調テ絃タル《ママ》ハ、誠ニ古楽ノ遺法粲然タル物ニテ甚珍重スベキ事也。

右ニ述ル所ノ五調ハ、即五音旋宮ノ法也。是ヲ楽ニ旋ストキハ、即相和ノ三調ニスギズ、其余ハ是ヲ外調トス。周漢房中ノ楽、皆三調ヲ主トスト云リ。律ヲ以テ云ヘバ、黄鐘ヲ瑟調トシ、太蔟ヲ平調トシ、仲呂ヲ清調トス。徴絃ヲ宮トスルハ正法ナラザル故、又仲呂ヲ瑟調トシ、林鐘ヲ平調トシ、無射ヲ清調トス。是五調ニシテ三絃ヲ旋ル也。前ノ三調ハ歌調ノ正音也。後ノ三調ハ奏調ニシテ和声也。是皆隔六相和也。又林鐘ヲ以テ瑟調トシ、南呂ヲ平調トシ、黄鐘ヲ清調トスルトキハ、是皆隔八相和也。此法ニヨリテ歌奏ヲ操ル故ニ、是ヲ相和ト名付ク。琴調ノ正法也。又燕楽四調ノ法ヲ考レバ、是又五音ノ旋宮也。然ドモ右ノ五調ト異ナルモノニ、古ノ五調ハ、宮絃ヨリ商・角・徴・羽ノ四絃ヲ順ニ旋リテ各其宮トスル物ニテ、何レモ角音起調ヲ以テ準拠トス。燕楽ノ法ハ、正宮ノ一均ニテ其商絃ヲ宮トスルヲ商音トシ、其角絃ヲ宮トスルヲ角音トス。徴音・羽音モ皆然リ。故ニ清商調ヲ商音トシ、縵角調ヲ角音トシ、緊羽調トシ、縵宮調ヲ羽音トス。是其宮逆ニ五絃ヲ旋ル也。燕楽ノ七宮ハ並ニ宮調也。七商ハ並ニ清商調也。七角ハ縵角調也。七羽ハ縵宮調也。是又宮音・商音〔古調ヲ以テ云〕二調ヲ主トシ、宮絃互ニ宮トナルノ法也。古調ハ角音也。燕楽ニ七徴ナキハ、同一理ナルガ故也。是ヲ要スルニ、亦律・呂ノ二調ニ過ズ。是ヲ以テ見レバ、古楽ノ調法ハ宮・商二音ヲ経トシ、律・呂二調ヲ緯トシ、各歌・奏ヲ兼ルモノ也。能此意ヲ明ニセバ、五声調音之法ニ於テ知ベカラザル物ナシ。

十二律亦旋宮ノ法アリ。然ドモ実ハ五音ノ転絃ニアリ。『宋書』ノ楽志ニ載ル処ノ五調ノ法、即コレ也。其法、黄鐘・大呂ヲ正宮調トシ、太蔟・夾鐘・姑洗ヲ清商調トシ、仲呂・蕤賓ヲ縵角調トシ、林鐘・夷則ヲ緊羽調トシ、南呂・無射・応鐘ヲ縵宮調トス。是又燕楽ノ五調ノ法ニヨリテ逆旋也。張大命ガ『琴経』ニモ亦立成ノ図ヲ載ス。然ドモ少キ異同アリテ、宋志《(『宋書』楽志)》ニ比スレバ、却テ正シカラズ。琴書ノ中ニ此図ヲ載テ正宮ト縵角ト互換シタル物也。後世謬称ニヨリテ誤ル成べシ。今、古調ノ法ニヨリテ順旋ヲ以テ云ハバ、黄鐘・大呂ハ正宮調ヲ用、太簇・夾鐘・姑洗ハ縵宮調、仲呂・蕤賓ハ緊羽調、林鐘・夷則ハ縵角調、南呂・無射・応鐘ハ清商調ヲ用ユル。如此ナレバ、十二宮皆角音起調ニテ、宮・商ノ音自其正ヲ得べシ。但、唐ニ云施《(ママ旋)》宮ノ如キハ古楽ニハナキコトナルヲ、後世『家語《(孔子家語)》』、『国語』、『礼記』ナドノ語ヲ以テ推シテ立タル法也。畢竟、此理アリテ此事ナシト知べキ也。

越師《(東皐心越)》ハ明朝ノ人也。我邦ニ来リテ此ノ学ヲ倡テ、人ニ教ユルニハ、必此方ノ楽律ニテ一越調ヲ仲呂ニアテテ用ユ。是其意イカント云コトハ知ザレドモ、徠子《(荻生徂徠)》ノ説ト自ラ符合ス。其故ハ、正宮調ノ宮絃ハ黄鐘ノ律ニアタルヲ、即我邦ノ黄鐘声ニアツル。是全ク古法ヲ存スルニ似タリ。然ドモ禅師《(東皐心越)》ノ意ハ必徠子《(荻生徂徠)》ノ意ト同カラズ。イカントナレバ、明朝ノ律ハ古ノ仲呂ノ倍声ニテ《(ママア)》タルト云ドモ、其地ニ生レテ、コレニ習タルハ、其訛ナルコトハ知ラルマジ。其意、只、李氏等ガ謬説ニ従テ、角絃ヲ宮トシテ、コレヲ黄鐘ニアテテ、直ニ此絃ヨリ調ヲ起ス。コレヲ正宮調ト云ナルベシ。然レドモ五調転絃ノ法モ亦自ラ異ナラズハアラズ。只、其仲呂ヲ以黄鐘トスルモノ、暗ニ[30]我邦ノ楽家ノ説ト符合シタルハ、コノ律ニヨリテ宮絃ヲ黄鐘ニ合セバ、益々差フベキニ然ラズシテ、角絃ヲ以テ宮トスル故ニ、宮絃ハ林鐘、商絃ハ南呂ト成、其林鐘ハ即我邦ノ黄鐘調ニテ、自ラ古ノ黄鐘ノ律ニ合フコト也。然ルニ、今ノ律管、鳧鐘ヨリ以下ハ皆倍律ナルヲ、又其倍声ヲ以テ合スル故、過濁ヲ免ルルコト能ハズ。然レドモ其律ハ全ク古ニ復シテ真ノ正宮調トハナリタル也。角絃ヲ宮トスルノ謬ハ甚[31]シケレドモ、此器ノ妙ニヨリテ古調ノ再ビ聴クベキハ、幸ノ甚ト云べシ。如此ノ妙、明人ナドノ知ル処ニアラズ。只我邦ニ古楽ノ存スルニヨリテ拠考ル処アルハ、亦貴ブベキノ至リニアラズヤ。

琴上十三徽ノ按声、各五音ヲ具ヘテ互ニ是ヲ用ユ。此コト、『琴経』、諸書ニ詳ナラズ。『琴学心声』ナドニ載タル図ハ、只理ヲ以テ推シテ音律ヲ問ハズ、無益ノ論ナリ。今是ヲ律管ニ正シテ、宮音ニ就テ是ガ図ヲアラハス。佗ノ四調ハ推シテ是ヲ知ベシ。[32] [33]

泛声ハ其律、右ノ按声ト同カラズ。凡按声ニ清濁アルハ、絃ノ長短ニヨル。泛音ハ七徽ノ中トシテ、其岳齦ヲ去ルノ遠近ニヨリテ其音高下アリ。故ニ一徽ト十三徽同音、二徽ハ十二徽ト同音ニテ、両端ミナ相対スル也。舶来ノ琴書ニ並ニ此コトヲ論ゼズ。麤略ノ甚シキ也。故ニ泛音配徽ノ図、後ニコレヲ挙。他ノ四調、コレニ準ジテ求ムベシ。

【ここに「正宮調徽音図」及び無題図（右の本文に言う「泛音配徽ノ図」に当たるもの）が記載されるが、各図は省略】

右、徽上ノ実音凡九十一声、散声七、合九十八声、其半徽・徽外、及ビ掐・撮・発刺等、挙テ数ベカラズ。大抵琴書、倍黄鐘ニ起ル。是第一也。次ニ中声〔散声六・七、七徽一・二・三・四・五〕是第二宮也。次ニ半律〔七徽六・七、四徽一・二・三・四・五〕是第三宮也。次ニ又其半律〔四徽六・七、一徽一・二・三・四・五〕是第四宮也。次ニ又半律〔一徽六・七〕是第五宮也。凡琴・瑟音、五宮ニスギズ。『左伝（春秋左氏伝）』ニ云、五降ノ後、不可弾ト。蓋シ此謂カ。泛音又九十一声アリ。律呂ノ変、是ニスギズ。一宮ヨリ五宮ニ至テ皆同一律也。中声、十二■一挙シテ是ヲツクス。環ノ端ナキガ如シ。後世、変律・半律等妄説タルコト、コレヲ以知ベシ。[34] [35]

我邦ノ五調、双調ヲ春ニ旺シ、黄鐘夏ニ旺シ、一越四季ニ旺シ、平調秋ニ旺シ、盤渉冬ニ旺ス。是宮・商・角・徴・羽ニ配シテ云コト也。異国ノ書ニ五調ヲ五音ニアツルコトハ見エズ。然ドモ『韓氏（ママ詩）外伝』ニ、宮音ヲ聞バ使（ママ使人）温舒而広大、商音ヲ聞バ使人方正而好義、ト云ハ全ク調名ト聞ユ。若一曲ノ中ノ五音ナラバ、何レノ曲ニモ是アルコトニテ、如此ノ験ハアルマジキ也。

我邦ニ五調ト伝ルモノ、即此五音成ベシ。今、歌調ヲ以テ云ヘバ、黄鐘ハ宮音、盤渉ハ商音、一越ハ角音、平調ハ徴音、双調ハ羽音也。奏調ヲ以テ云ハ、皆和声ヲ取ル。故ニ一越ヲ宮音トシ、平調ヲ商音トシ、双調ヲ角音トシ、黄鐘ヲ徴音トシ、盤渉ヲ羽音トス。此方楽家ノ説ト符合ス。[36] 異国ノ後世ニハ、五声アルコトヲ知テ、五調アルコトヲ知ラザル故ニ、『韓氏《（ママ韓詩外伝）》』ニ云処モ、糸竹ノ音ノ妙アリテ時気ヲ変タルナド、云コトモ解セザルコトニ成タリ。異国ノ書ニ、黄鐘ノ宮、黄鐘ノ商、太蔟之宮、太蔟也《（ママ之）》商ナドト云テ、十二律ニ各五音ヲ具ヘテ調法ヲ明ス《（ママ）》コトアリ。是ハ、唐ニ八十四調ト云コトヲ立テ、又宋儒ノ六十調ト云コトヲ主張スルヨリ起リテ、古楽ニハナキコト也。五調ト十二旋宮ノ外調法アルベカラズ。日本ニ十二調子、五調子ト云ハ、即其遺法ナルベシ。又燕楽ノ調法ニ黄鐘之宮、黄[37]鐘之羽ナドト云コトハ、宮・商ノ字自ラ別也。燕楽ニハ宮・商・角・羽ノ四調アリテ、一調又各七調アリ、合テ二十八調也。此ノ宮・商・角・羽ト云ハ、即調法也。宮ト云ハ正宮調ヲ云ナリ。商ト云ハ清商調也。角ト云《（ママ云ハ）》縵角調、羽ト云ハ縵宮調也。後世五声ヲサシテ云トハ異也。故ニ燕楽ノ調法モ後世ハ明ナラヌコトニ成タリ。別ニ解スル処アリ。爰ニ略ス。琴ヲ以テ試ムレバ、皆此方ノ楽ノ調名ト符合ス。如此サマザマノ法アレドモ、畢竟、宮・商ノ二律ト、律・呂ノ二調ニ帰スルコト也。故ニ古楽ノ音ハ、後世ノ書ニヨリテ推知ベキコトニ非ズ。

琴学大意抄終　　市隠洞　晋望　騰《（ママ謄）》写

校注　[1] 関「レ」—中無し。[2] 関「ヘ」—中無し。[3] 関「数十曲」—中「数曲レ十」[4] 本文「弇州ノ記スル所」から「只雷氏ヲ以テ宗匠トスト云ヘリ」までは、張大命撰『琴経』巻七「斲法」からの引用とみられるので、それを参照して誤りと思しき箇所に（ママ）と修正を傍記した。また『琴経』の出典と考えられる王世貞著『弇州山人四部稿』巻一七一「説部　宛委余編一六」の記事も参照し、これと相違する文字には（ママ）とのみ傍記した。[5] 関「施」—中「拖」[6] 関「矩」—中「短」[7] 中「聞クモノ也」—関「聞モナ也」とあり「ナ」の傍注に「無ノ字アルベシ」とある。[8] 関「是」—中「足」[9] 関「制テ夫シ」とあり「テ」の右傍に「ヲ」、「夫」の左傍に「存」と書入れる—中「制テ失シ」〔10〕中「高朗ノヒビキ企ハ—関「高朗ノヒビキ企テ」とあり、どちらも脱字・誤字があるように思われるが中のままとする。〔11〕関「柱」—中「桂」と記した傍に「柱乎」と書入れる。〔12〕中「玄」と記した左傍に「原本玄」、右傍に「去」と書入れる—関「厺」（去の本字）〔13〕中「□」と記す—関一字分空ける。〔14〕中・関とも一字分ほど空ける。〔15〕中「ナラザランヤ—関「ナランヤ」〔16〕関「羽絃」—中「羽商絃」〔17〕関「ス」—中「寸」〔18〕関「束」—中「速」〔19〕中「委」—関「委」と記した傍に「悉」と書入れる。〔20〕関「徽」と記した傍に「徴」と書入れる—中「徽」〔21〕中・関とも十二律名の太蔟（簇とも）の「太」を「大」と記す箇所が多々見られるが、以下全て「太」に統一した。〔22〕中は二文字分空け、関は一字分ほど空ける。〔23〕中「羽」と記した傍に「角」と書入れる—関「羽」〔24〕中「武㆘㆑文㆖」—関「文武」〔25〕関「微」と記した上に「徴」と訂正する—中「徴」と記した傍に「徴乎徽乎」と書入れる。〔26〕関「商ヲ」の傍に「高シテナルベシ」と書入れる—中「商ヲ」〔27〕中「声㆘㆑散㆖」—関「散声」〔28〕中「絃」と記した傍に「音」と書入れる—関「音」〔29〕関「ヲ」—中「ノ」〔30〕中この箇所のみ「我（闕字）邦」となっているが、「我邦」と記す他の箇所に倣い「（闕字）我邦」に改めた。〔31〕関「シ」—中無し。〔32〕関「問」—中「間」〔33〕関「ノ」—中無し。〔34〕中「律」と記した傍に「声」と書入れる—関「声」〔35〕中・関とも「篇」と記すが判読できず。文脈からすると「籥」か。〔36〕関「ス」—中「ト」〔37〕関「之」—中無し。

〔付記〕本稿は、日本学術振興会科学研究費基盤研究(C)22K00155「日本に現存する古琴（七絃琴）資料の調査・研究と解題目録・蔵書印データベースの作成」（研究代表者：山寺美紀子）による研究成果の一部である。

〔謝辞〕進藤家旧蔵資料の調査に際して様々な御教示を下さいました明木茂夫先生（本学国際学部教授）、以前に『琴学発揮』山県大弐自筆本の閲覧・撮影をご快諾くださいました山県神社の皆様、『琴学正音』進藤家旧蔵本のコピーとそれに関する多くの知見を下さいました故稗田浩雄先生に、心より感謝申し上げます。

貝原益軒『音楽記聞』の伝本と中京大学本の位置づけ

中川優子

一、はじめに

福岡藩の儒学者あるいは本草学者として知られる貝原益軒（諱は篤信、字は子誠、通称は助三郎のち久兵衛、号は損軒のち益軒、一六三〇～一七一四）は、京都において雅楽を熱心に学び、とくに琵琶や箏などの絃楽器をよくした。『音楽記聞』は、そのような益軒の雅楽に関する知識が記された著作であり、益軒自身の雅楽観や音楽思想はもとより、近世の雅楽文化を考えるうえでも重要な資料の一である。(1)伝本は二十本あまり確認されており（すべて写本）、広く雅楽に関心を寄せた者に伝わった様子が窺える。

筆者は二〇一八年から二〇二〇年にかけて、当時確認できた二十四本の『音楽記聞』の伝本に関する調査を行ったが、(2)このたび明木茂夫氏より、中京大学文化科学研究所にて『音楽記聞』の新たな伝本（以下中京大学本）を入手されたこと、また当該本には「益軒先生手書原本」との校合を行った旨の識語が見られること等をご教示いただいたうえで、当該本の閲覧を許可いただいた。本稿では、『音楽記聞』の概要を述べたうえで中京大学本を含む二十六本の伝本の全体像を確認し、以て当該本の位置づけを検討したい。

二、『音楽記聞』について

二―一、貝原益軒と雅楽

日本の雅楽は、日本列島在来の歌舞と、五世紀から九世紀にかけて朝鮮半島や中国大陸などから渡来した楽舞を源流とし、平安時代の王朝貴族によって独自のかたちに整えられた。応仁の乱による衰退の危機を経て、近世に至ると雅楽は復興や伝承の安定化がはかられる一方、儒学の教養をもつ知識人や文人、武家などからも関心を寄せられた。

古来儒教では「礼」（儀礼や礼節などの人の行為にまつわる規範）と「楽」（音楽や舞）による教化が重視されたが（礼楽思想）、『論語』陽貨篇に「鄭声の雅楽を乱るを悪む」とあるように、「雅楽」という語も古代中国に端を発し、淫楽とは反対の性質をもつ正統の楽を意味した。漢代以後の中国では、孔子が理想とした周代の雅楽（古楽）に倣って、祭祀楽としての雅楽が王朝ごとに整えられ、楽律（音律）や楽器の配置などが議論された。近世日本の儒学者たちは、このような礼楽の「楽」や（本来の意味での）「雅楽」への理解を深めると同時に、日本において実際に伝承されていた雅楽を考究し、しばしば自らもその楽器を実践したのである(3)。

貝原益軒が雅楽への関心を強くした十七世紀の後半は、京都を主たる舞台として、儒学者たちが公卿や楽人との交流のもとに「楽」や雅楽を考究しはじめた時期に相当する。その先駆は熊沢蕃山（一六一九～九一）であり、彼は京都移住期に公卿から雅楽の絃楽器などを学び、礼楽の「楽」としての日本の雅楽の意義を論じた(4)。また京都の朱子学者中村惕斎（一六二九～一七〇二）は、朱子学者の米川操軒（一六二六～七八）や公卿の小倉実起（一六二二～八四）、楽人の安倍季尚（一六二二〜一七〇八）らと交流し、古楽の復興を企図して朱子学の音律書『律呂新書』にもとづく楽律の研究を行った(5)。そして藩命による遊学を含め、生涯に計二十回以上も京都を訪れた貝原益軒もまた、中村惕斎を含む学者や公卿、楽人との交流から雅楽に関する知見を深めたのであった。

益軒の日記に拠る限り、まず彼は寛文年間（三十代後半から四十代前半）に中村惕斎や米川操軒と交流し、公卿の小倉熙季（小倉実起の子、一六五一〜一七二〇）による箏の演奏を聴くなどして雅楽への関心を高め、還暦前後の元禄年間に至って本格的に雅楽を学んだとみえる。京都滞在の折を見て、主に米川助一郎と米川玄察（ともに操軒の子）から箏を、楽人の山井景元（一六二九〜一七〇一）から琵琶を学び、時折米川助一郎からは笙や「篳篥譜」を、山井景元からは神楽歌や朗詠なども学んだようだ。益軒の妻の東軒も箏をよくし、元禄三年（一六九〇）の還暦の祝においては東軒が箏を、自らは琵琶を弾き合奏を楽しんだ。致仕した元禄十三年（一七〇〇）には京都に琵琶を注文し、元禄末から宝永年間にかけて、弟子たちや東軒とともに「合楽」の会を開いて雅楽の合奏を楽しんだようである(6)。

二―二、『音楽記聞』の内容

九州史料叢書『益軒資料二』には、益軒の読書記録『玩古目録』の草稿として、高弟竹田春庵（一六六一〜一七四五）が記したのち益軒が加筆したもの（貝原家蔵）の翻刻が掲載されている。それによると、益軒の自筆で「元禄十四年」に「改作音楽記聞」とあり、また末尾に付された「篤信編輯著述書目」では、「国字著述」の部に「音楽記聞〔元禄二年十五年改作〕一巻」とあり（〔　〕内は二行割注）、「十五年改作」の部分は益軒の自筆であるという(7)。京都で雅楽を学んでいた折に著され、致仕後に「改作」されたものと見えるが、「改作」の詳細は定かでない。

『音楽記聞』は、「惣論」「律」「楽器通論」「箏」「箏律」「箏押手」「琵琶」「笙」という見出しのもと、本文は箇条書きの体裁をとる。分量としては箏と琵琶に関連する内容（「箏」「箏律」「箏押手」「琵琶」）が全体の凡そ半分を占め、それぞれの楽器の由来等に加え、自身が学んだ内容にもとづく実践的な知識、たとえば細かな手の使い方や調絃の仕方、特定の楽曲中の手、男女における楽器の構え方の相違や楽器自体の扱い方などにも及ぶ。このほか、「惣論」は主として礼楽論や舞楽の由来、現行の神楽や郢曲の曲名などについて、「律」では十二律の名称や五調子と五行の関係、人の声や物の音の性質などについて記されている。「楽器通論」では篳篥や太鼓、琴（七弦琴・古琴）や和琴といった楽器が取り上げられており、「笙」は「箏」や「琵琶」に比べ分量が少ないが、笙の楽器の説明に加え、越天楽や五常楽などといった曲の奏法などの記載がある。

全体としては益軒の雅楽に関する実践的な見聞録ないし備忘録のような側面をもつ一方、種々の漢籍や和書にもとづく記述も多くみられ、経書や史書、類書、楽書、あるいは日記や詩文、歌論書などを用いた考究の跡が窺える。これらは益軒の「楽」や雅楽に対する学問的・思想的態度を知る手がかりにもなる。たとえば「惣論」部の冒頭においては『礼記』楽記の「楽者楽也」を引用し、礼楽の「楽」の本質的な意義は心身を和楽にすることにあると説く。(8)また「楽器通論」部を見ると、琴について、『延喜式』や『枕草子』『源氏物語』をもとに古くは日本でも弾かれていたとし、さらに『琴操』『孔子家語』、陳暘『楽書』などから、古代の聖人と琴に関わる記述などを引いている。また和琴については、『倭名類聚抄』『河海抄』『日本書紀』等をもとに上代から存する楽器とし、また『源氏物語』が和琴を「もののをや（親）」と表現していることについて、『花鳥余情』の注釈を引いて、和琴が日本固有の楽器であり、楽器の中で最上に置かれてきたものと解している。箏や琵琶への実践的関心のみならず、琴や和琴に思想的関心を寄せていたことが窺える。(9)

三、『音楽記聞』の伝本の系統

三―一、表記・図絵の異同について

中京大学本を含め、筆者がこれまでに確認した『音楽記聞』の伝本の書誌概要を次頁に示した（所蔵先五十音順）[10]。なお東京藝術大学附属図書館には三種の伝本が確認されたため、便宜上請求番号の若い順に①②③とする。伝本は本文の多寡によって四系統に大別できるが、そのほかに表記と図絵においても異同がみられるため、それぞれの異同をふまえた暫定的な系統を【図一】に示した。なお二十六本のうち、書写年代が明らかなものは十本に満たないが、その殆どは江戸後期から末期の書写である。

表記については、漢字平仮名交じり文の伝本と、漢字片仮名交じり文の二系統がある。おおむね前者はくずし字体、後者は楷書体をとる。前者による伝本は二十二本、後者は四本となっており、全体としては平仮名交じり文が多い。

そして早稲田大学本を除くすべての伝本には楽器に関わる図絵（挿絵）が含まれる。早稲田大学本以外の伝本に共通して含まれているのは、「和琴」（和琴本体ならびに琴柱、琴軋の図を含む）と「篳篥穴」（指孔）の図、「黄鐘の柱の立様かくのことし」とある箏の図、「弾箏口訣」を示す図、琵琶の「転手次第」を示す図、笙の簧と音名を示す図、以上六種である。しかし、この六種の図絵のみが含まれる伝本が七本であるのに対し、残りの十八本は、「篳篥穴」図の左に篳篥の「舌」（蘆舌、リード）ならびに篳篥本体の図、そして笙の音名図の左に笙の楽器本体の図があり、図絵は計八種となっている。また六種のみが含まれる七本においては、「黄鐘の柱の立様かくのことし」とある箏の図絵

所蔵先	外題	内題（巻頭題）	編著者名（内題下）	数量	印記（現所蔵先を除く）	奥書・識語	備考
秋田県立図書館	音楽記聞（題簽）　全	音楽記聞	損軒貝原篤信編輯	一冊			題簽「貝原益軒著」、朱書あり、明治三十六年購入
刈谷市中央図書館村上文庫	音楽記聞	音楽記聞	損軒貝原篤信編輯	一冊	（不明二印）		
関西大学林謙三旧蔵資料	音楽紀聞（題簽）　完	音楽記聞	損軒貝原篤信編輯	一冊			見返しに十二律名等が記された紙片貼付あり、朱書あり
九州大学附属図書館	音楽紀聞　一 音楽紀聞　二止	音楽記聞（上巻のみ）	損軒貝原篤信編輯	二冊			扉題「音楽紀聞　全」
京都大学附属図書館	音楽□聞（題簽）　全	音楽紀聞	損軒貝原篤信編輯	一冊	故鉄兜河野熙遺書男河野北瑞寄贈、小林氏図書印、ほか一印	「冊（ママ）巻也河村某者深以所秘書也／予切講之秘写以置深恩云々」	河野鉄兜（一八二六～六七）旧蔵
宮内庁書陵部	音楽紀聞（題簽）　全	音楽紀聞	損軒貝原篤信編輯	一冊	式部職雅楽部	「嘉永五年子三月借之御少納戸詰役懸三浦／又四郎焉而以写之／林品美」	大正七年式部職引継
国立公文書館（内閣文庫）	音楽紀聞　□	音楽紀聞	損軒貝原篤信編輯	一冊	番外書冊（表紙）、浅草文庫		昌平坂学問所旧蔵、題簽印記あり、朱点書き入れあり
国立国会図書館	音楽記聞　全	音楽記聞	損軒貝原篤信編輯	一冊	竹中氏図書記、ほか二印		題簽「貝原篤信著」、竹中邦香（一八三四～九六）旧蔵、朱書あり
洲本市立洲本図書館	音楽記聞　上 音楽記聞　下	音楽記聞（上巻のみ）	損軒貝原篤信編輯	二冊	柴邦彦図書後帰阿波国文庫別蔵于江戸雀林荘之萬巻楼		柴野栗山（一七三六～一八〇七）、徳島藩蜂須賀家旧蔵
静嘉堂文庫	音楽記聞　上 音楽記聞　下	音楽記聞上巻 音楽記聞下巻	損軒貝原篤信編輯	二冊	山田本		朱書あり
竹田市歴史文化館	音楽紀聞（題簽）　全	音楽記聞	損軒貝原篤信編輯	一冊	（不明一印）	「右貝原損軒所編輯音楽記聞一巻借亀齢軒蔵本写／之以一本校為時天保二年辛卯八月十三日伊藤輔／世識」	朱書あり
中京大学文化科学研究所	音楽紀聞	音楽紀聞	損軒貝原篤信編輯 ※ただし「損軒」に一重線「原本如此削」とあり	一冊	江藤文庫、冨岡謙大正紀元後所得	「以益軒先生自筆稿本校合／松本章」（外題下）「庚辰五月得益軒先生手書原本而校合畢」（見返し）「音楽記聞訛誤脱漏稍多矣予所見三部共不可／為正本今幸得益軒先生所手書之原本而校合之／殆償宿望耳」「音楽紀聞五拾四張／文政三年四月十二日卯中尅松本章書写了」	扉題「音楽記聞　全」、江藤正澄（一八三六～一九一一）、富岡謙蔵（一八七三～一九一八）旧蔵、朱筆と墨筆による書き入れあり
筑波大学附属図書館	音楽紀聞（題簽）　全	音楽紀聞巻之一	筑前　損軒貝原篤信編輯／江戸　山本弘□□補訂	一冊	安分堂文庫之印記、璞、高等師範学校図書印、ほか二印	「日本　筑州貝原益軒先生著／武陽山本□□校」（表紙）「天保十二年辛丑春三月之初日／□□山人弘識」	題簽「貝原篤信著」、表紙と見返しに書き入れあり、明治三十二年購入

所蔵先	外題	内題（巻頭題）	編著者名（内題下）	数量	印記（現所蔵先を除く）	奥書・識語	備考
津市津図書館橋本文庫	音楽記聞　全（題簽）	音楽記聞	損軒貝原篤信編輯	一冊		「普賢院宗渕蔵」	扉題「音楽記聞」、朱書あり
天理大学附属天理図書館	音楽記聞　全	音楽記聞	損軒貝原篤信編輯	一冊	金子文庫、木寄文庫、ほか一印（表紙）	「壬午之秋九月　近直（花押）／右一冊或本ヲ以テ馳筆書写ヲハンヌ／右モト仮名ニテ書タレ𪜈今片仮名ヲ以テ／カキウツス者也処々闕字アリ虫損カタ、シ／其マ、写ナリ後日校正スヘシ仍テ識ス」	琴の図二葉「琴裏面之図二枚者徂徠先生所著之於琴学大意抄写得之也」とあり、昭和十九年天理教教会本部より寄贈
東京学芸大学音楽学研究室		音楽記聞	損軒貝原篤信編輯	一冊	稿本節印、□□□慎		
東京学芸大学附属図書館	音楽記聞　上 音楽記聞　下	音楽記聞（上巻のみ）	損軒貝原篤信編輯	二冊	阿波国文庫		徳島藩蜂須賀家旧蔵
東京藝術大学附属図書館①	音楽紀聞	音楽記聞	損軒貝原篤信編輯	一冊	東京音楽学校、藤原□□	朱書「此本筑州藩中有家之以蔵書／校合ス貝原先生元本ナリト云々」（後見返しの糊が剝がれた部分の紙背）	朱書、墨書付箋あり、請求番号七六八・二―〇二
東京藝術大学附属図書館②	音楽紀聞　完（題簽）	音楽紀聞	損軒貝原篤信編輯	一冊	東京音楽学校図書印、楽亭文庫、桑名		松平定信（一七五九～一八二九）、桑名藩松平家旧蔵、請求番号七六八・二―〇三
東京藝術大学附属図書館③	音楽記聞	音楽記聞	損軒貝原篤信編輯	一冊	東京音楽学校図書印	「右音楽紀聞原本は玉置直貴雅賢に仮借して／謄しぬ時は嘉永五とせ夏六月より冬十月に至／終業了／□園実□」「安政第四暦丁巳上浣令実弟重堅写之記／青木みなもとの（花押）」朱書「慶応二丙寅五月廿四日不審ノ処之左遂ニ朱ヲ加ヘ畢」	乱丁あり、朱書あり、請求番号七六八・二―〇四
東京国立博物館	音楽紀聞	音楽紀聞	損軒貝原篤信編輯	一冊	徳川宗敬氏寄贈		
東北大学附属図書館狩野文庫	音楽紀聞	音楽記聞	損軒貝原篤信編輯	一冊		「□□□」（後見返し）	扉題「音楽記聞　全」
名古屋大学附属図書館神宮皇学館文庫	音楽記聞　全（題簽）	音楽記聞	損軒貝原篤信編輯	一冊	学問所改（表紙）、板倉家文庫記、節山秘蔵、川田氏蔵書ほか一印	朱書「辰八月廿三日□□」（裏表紙）	板倉勝明（一八〇九～五七）、川田甕江（一八三〇～九六）旧蔵
福岡県立図書館太田資料	音楽紀聞		損軒貝原篤信編輯	一冊	柳瀬蔵書	「寛政七乙卯歳十二月十九日書終／所々誤字多難読添本儘字　重固」	外題下「貝原篤信編輯」
福岡県立図書館福岡県史編さん資料	西帰吟稿／音楽紀聞　合本（題簽）	音楽記聞	貝原篤信編輯	合一冊	貝原益軒先生二百年祭記念福岡県教育会		西帰吟稿と合本、朱書あり
早稲田大学図書館	音楽紀聞	音楽記聞	損軒貝原篤信編輯	一冊	松本氏蔵書印、正木氏蔵書		朱書あり

【図二】『音楽記聞』伝本系統図

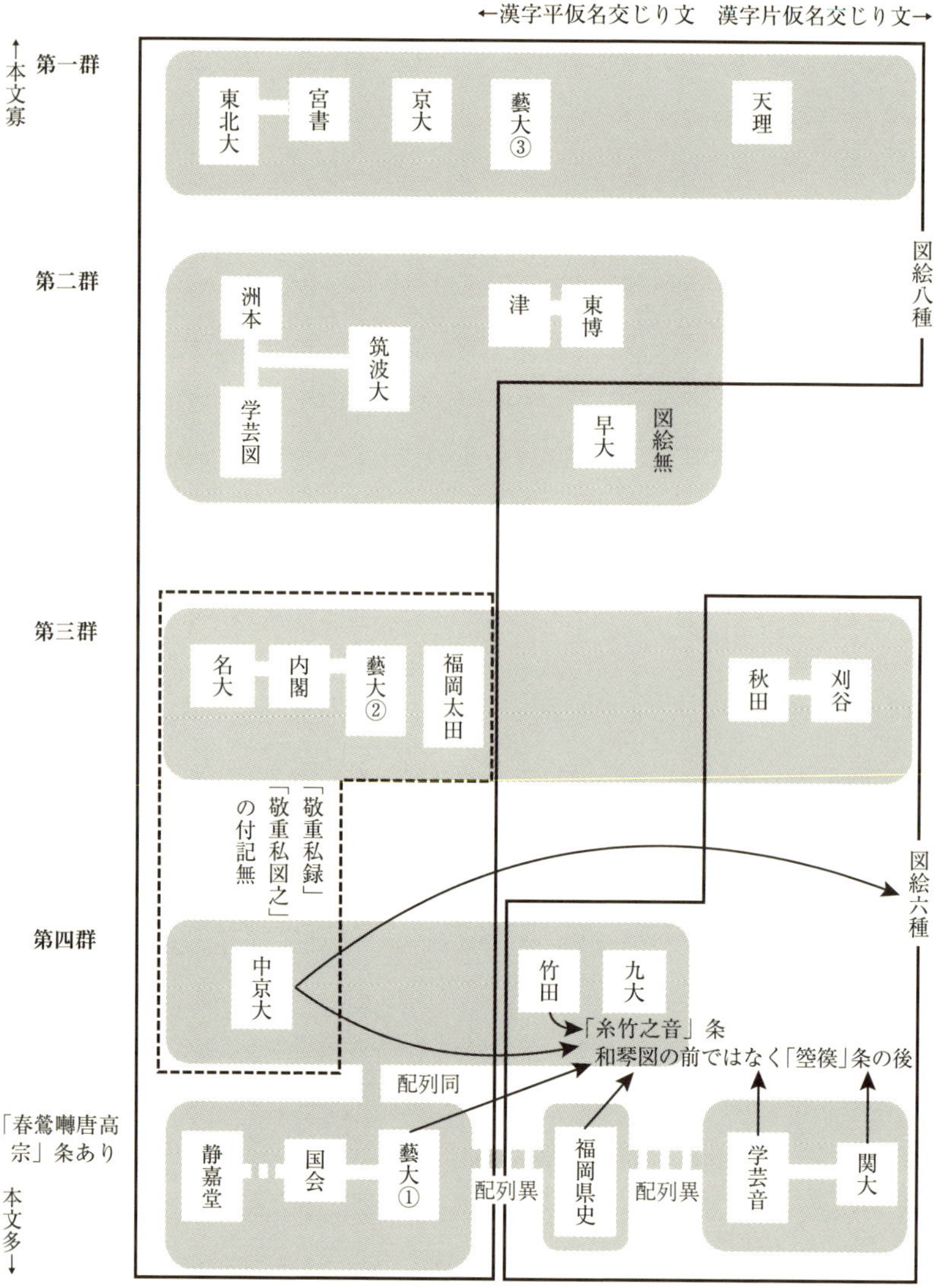

※第四群の矢印は異本との校合や書き入れ、見せ消ちによる指示を大まかに示したもの。

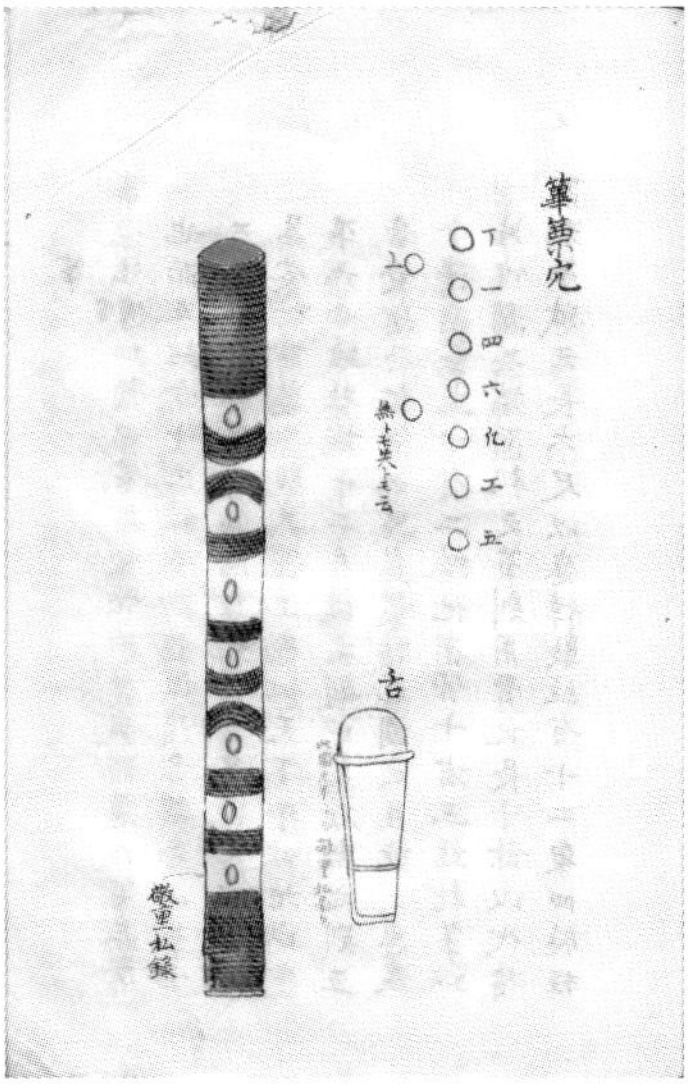

東京藝術大学本①
東京藝術大学附属図書館所蔵

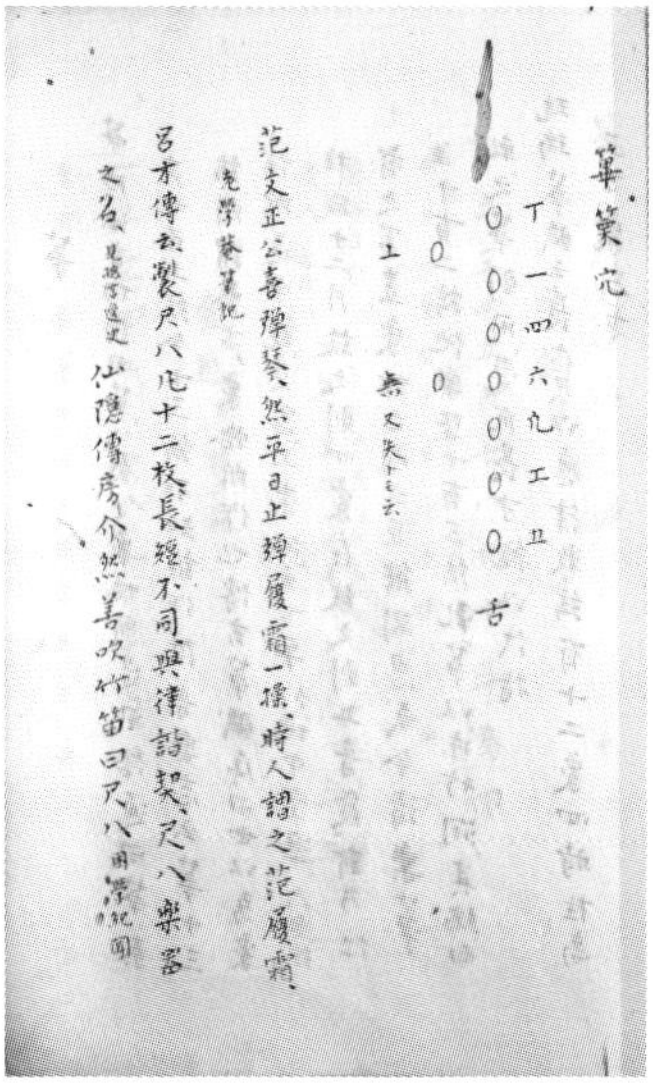

東京学芸大学音楽学研究室本
東京学芸大学音楽学研究室所蔵

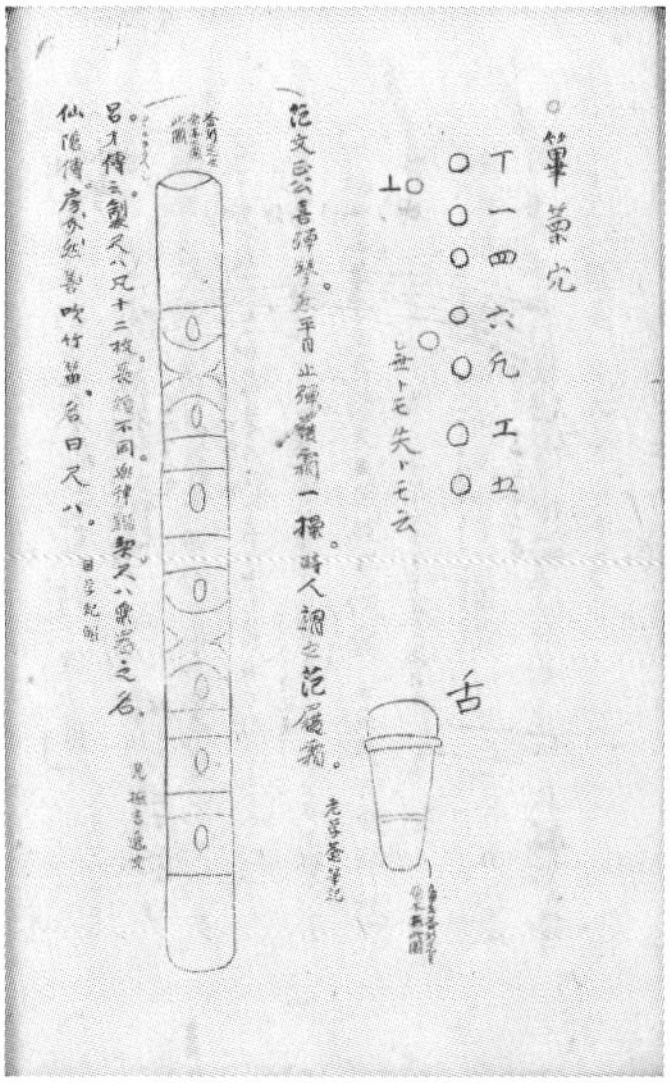

中京大学本
中京大学文化科学研究所所蔵

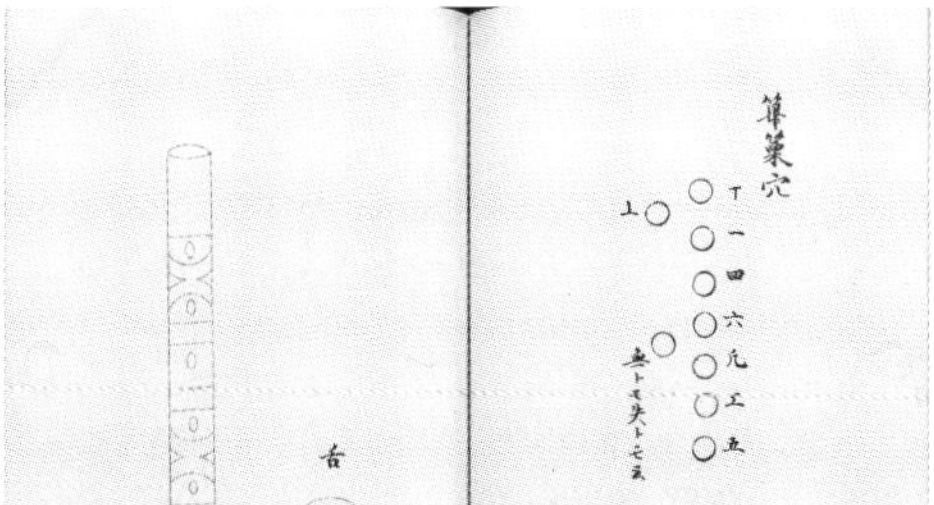

東京藝術大学本②
東京藝術大学附属図書館所蔵

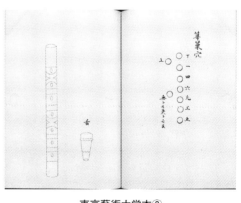

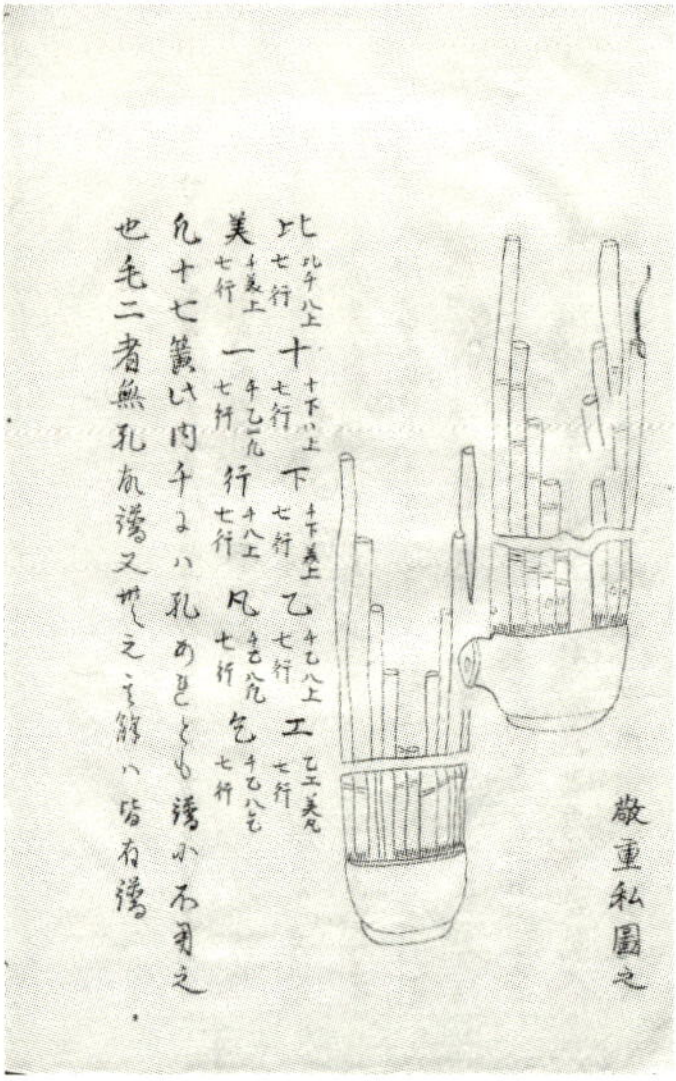

東京藝術大学本①
東京藝術大学附属図書館所蔵

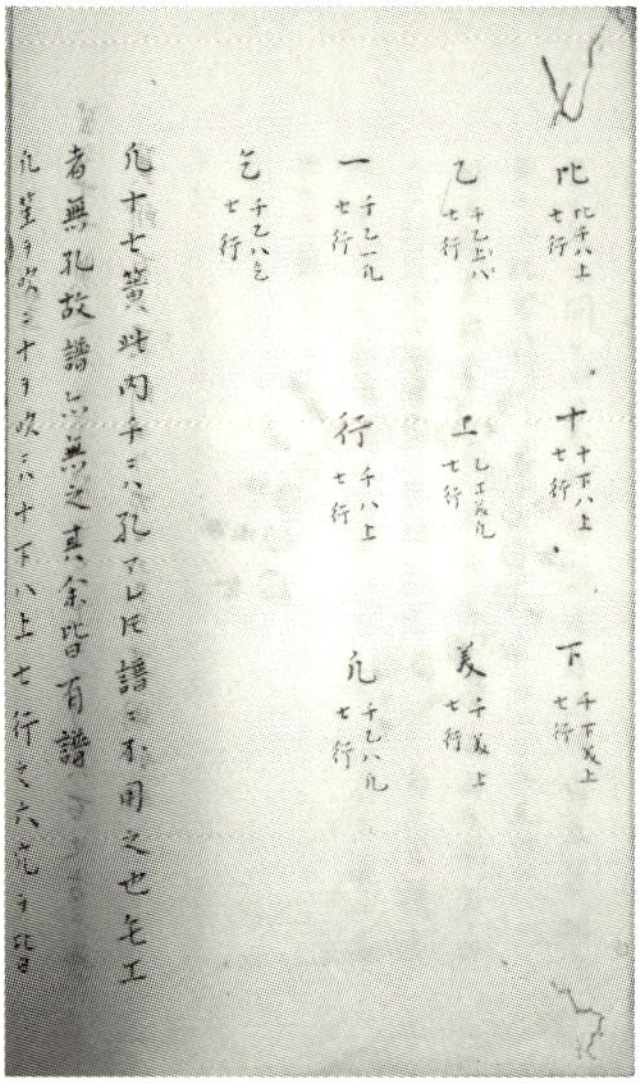

東京学芸大学音楽学研究室本
東京学芸大学音楽学研究室所蔵

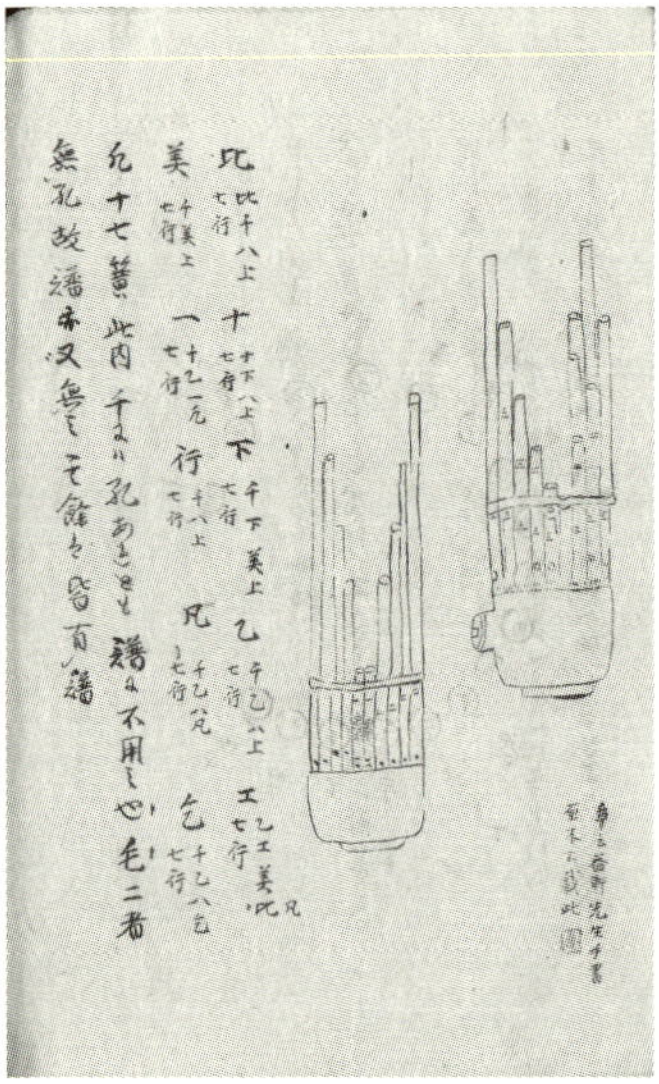

中京大学本
中京大学文化科学研究所所蔵

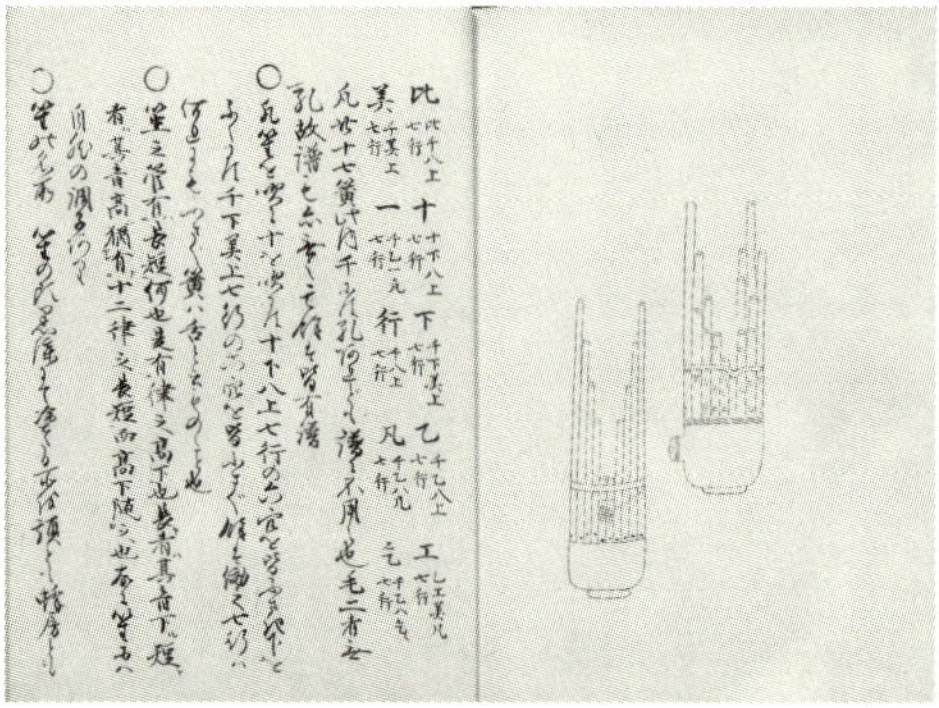

東京藝術大学本②
東京藝術大学附属図書館所蔵

が巻末に位置しているのに対し、図絵が計八種の伝本においては、当該図絵は「箏押手」部の末尾に位置している。さらに図絵が計八種ある十八本のうち十三本については、篳篥の楽器本体の図の下部と笙の楽器本体の図の下部にそれぞれ「敬重私録」「敬重私図之」との付記が見られる。つまり早稲田大学本を除く二十五本については、図絵が計六種且つ箏の図絵が巻末にあるものと、図絵が計八種且つ箏の図絵が「箏押手」部の末尾に位置するものとの二系統に大別されるが、後者はさらに付記があるものと無いものとに分かれる。なお中京大学本は図絵が八種系統だが「敬重私録」「敬重私図之」の付記は無く、さらに「益軒先生原本」に関わる書き入れがある（後述）。

このような表記と図絵の異同に加えて、「惣論」部を中心に伝本ごとに本文の多寡がみられ、その多寡によると二十六本の伝本は四段階に大別される。以下では本文の多寡にもとづいて伝本を四つの群に分けたうえで、各群における表記や図絵の異同、また行数の異同等による親子関係や特筆すべき来歴について確認していく。なお、祖本に近い系統を明らかにすることは現段階ではできかねることを予め断っておきたい。

三―二、第一群の伝本

本文がもっとも少ない伝本群を便宜上第一群とする。宮内庁書陵部本、京都大学本、天理図書館本、東京藝術大学本③、東北大学狩野文庫本、以上の五本がここに該当する。天理図書館本のみが漢字片仮名交じり文で、ほか四本は漢字平仮名交じり文である。天理図書館本の奥書に、「モト仮名ニテ書タレ圧今片仮名ヲ以テカキウツス者也」とあり、書写の際に片仮名に書き改めたことが知られる。図絵については、五本すべてに八種の図絵が含まれ、箏の図絵は「箏押手」部の末尾にあり、篳篥本体の図絵と笙本体の図絵には「敬重私録」「敬重私図之」との付記が見られる。このうち宮内庁書陵部本と東北大学狩野文庫本は本文の行数等に鑑みて親子関係にある伝本とみえる。後者の書写年代は不詳だが、前者は嘉永五年（一八五二）、尾張藩士の林品美（一八二七?〜没年不詳）による書写である。林品美は細野要斎（一八一一〜七八）に学び、『律呂新書』の研究書『律呂資講　律呂新書註解』の編者でもある。

三―三、第二群の伝本

洲本市立図書館本、筑波大学本、津市橋本文庫本、東京学芸大学図書館本、東京国立博物館本、早稲田大学本、以上の六本においては、第一群の伝本と比べた際、「惣論」中葉部の「青海波」条と「合楽の時」条の間に以下が加わっている。ここでは洲本市立図書館本に拠る。なお以下引用においては底本の条頭に従って改行することとし、漢字は原則として通行の字体に改め、訓点ならびに句読点は省略した。

○延喜式二十一巻に阮咸箜篌篳篌新羅琴を載たり昔本朝に皆有之しとみえたり
○史記文帝紀に高祖の廟に武徳楽を奏す注に武徳楽は高祖の作所也今の武徳楽は其余音歟
○又云歌者所以発徳也舞者所以明功也
○唐の宣宗皇帝の大中七年に日本より音楽を献ぜし事唐書にみえたり玉海百八巻音楽の部にものせたり

表記は六本すべて漢字平仮名交じり文であり、図絵については早稲田大学本にはすべての図絵が無いが、ほか五本は第一群と同様八種の図絵が含まれ、箏の図は「箏押手」部の末尾にあり、二種（篳篥本体、笙本体の図）に「敬重私録」「敬重私図之」との付記が見られる。うち洲本市立図書館本と東京学芸大学図書館本には親子関係が窺え、ともに徳島藩主蜂須賀家の集書である阿波国文庫旧蔵の伝本である。とくに前者は、琴にも親しんだ儒者の柴野栗山（一七三六〜一八〇七）の旧蔵書を阿波国文庫に寄贈し江戸深川の藩邸に置かれたもので、いわゆる「萬巻楼本」である。この「萬巻楼本」を書写して阿波国文庫に収めたものが後者の伝本と思われる。また筑波大学本もこの二本と親族関係にある伝本である。

なお津市橋本文庫本は声明の音楽理論を研究したことでも知られる普賢院宗渕（宗淵とも、一七八六〜一八五九）の旧蔵であり、儒者のみならず声明家からも関心を寄せられていたことを示す伝本である。(11)

三―四、第三群の伝本

秋田県立図書館本、刈谷市村上文庫本、内閣文庫本、名古屋大学皇学館文庫本、東京藝術大学本②、福岡県太田資料本、以上の六本においては、第二群と同様に「惣論」中葉部の「青海波」条と「合楽の時」条の間にさきの四条が含まれるが、加えて「惣論」末尾が第二群のそれとは異なる。第二群の伝本においては、「惣論」の最末条は「相府蓮」条であるが、第三群の伝本においては「相府蓮」条の左に数条が加わる。ここでは内閣文庫本に拠る。

○長崎にて中華人云中華には古楽すたりて絶て知者なし今の楽は多くは玄宗皇帝梨園の遺也
○文献通考曰声音之道与政通矣故審楽以知政尽言楽之道正哇有開於時之理乱也
○考経曰移風易俗莫善於楽呉臨川云風者上之化所及俗者下之習所成移調遷就其善易謂変去其悪
○文選笙賦云楽所以移風於善亦所以易俗於悪
○四月賀茂祭の時神幸鳥居の外万歳楽下賀茂なり御蔭の社にては五常楽鶏徳楽毎年あり伶人十一人あり馬上にて管を吹り御帰りに慶雲楽あり長楽也御蔭に還御の時太平楽抜頭上賀茂御戸開乱声十天楽廻盃楽鳥急胡飲酒開戸

の時武徳楽
〇内侍所御神楽の事公事根源下巻に見たり

さらに表記と図絵の異同から、これら六本は秋田県立図書館本と刈谷市村上文庫本の二本と、それ以外の四本とに大別できる。前者は漢字片仮名交じり文であり、図絵については第一群・第二群の伝本と異なり、六種のみ且つ箏の図絵は巻末に位置する。この二本は本文の行数等から親子関係が推察されるが、ともに書写年代は不詳である。一方、後者の漢字平仮名交じり文による四本にはすべて図絵が八種含まれ箏図は「箏押手」部末に見えるが、第一群と第二群の伝本において確認された「敬重私録」「敬重私図之」との付記は四本ともに見られない。この四本のうち、福岡県太田資料本を除く三本、すなわち内閣文庫本、東京藝術大学本②、名古屋大学皇学館文庫本は親子ないし兄弟関係にあるものと思われる。内閣文庫本は昌平坂学問所の旧蔵であり、名古屋大学皇学館文庫本には学問所の出版検閲に関わる「学問所改」の印、ならびに『甘雨亭叢書』の編集刊行者でも知られる安中藩主板倉勝明（一八〇九～五七）、備中出身の漢学者川田甕江（一八三〇～九六）の蔵書印が認められる。そして東京藝術大学本②は『俗楽問答』の著者でもある松平定信（一七五九～一八二九）ならびに桑名松平藩の旧蔵である。総じて近世期の幕府や大名に関わる系統の伝本と言えるだろう。

三―五、第四群の伝本

もっとも本文が多いものを第四群としたとき、中京大学本を含む九本がここに属す。この第四群の伝本は複雑な様相を呈している。九本のうち国会図書館本と東京藝術大学本①は親子関係にあるとみえ、静嘉堂文庫本も行数等に鑑

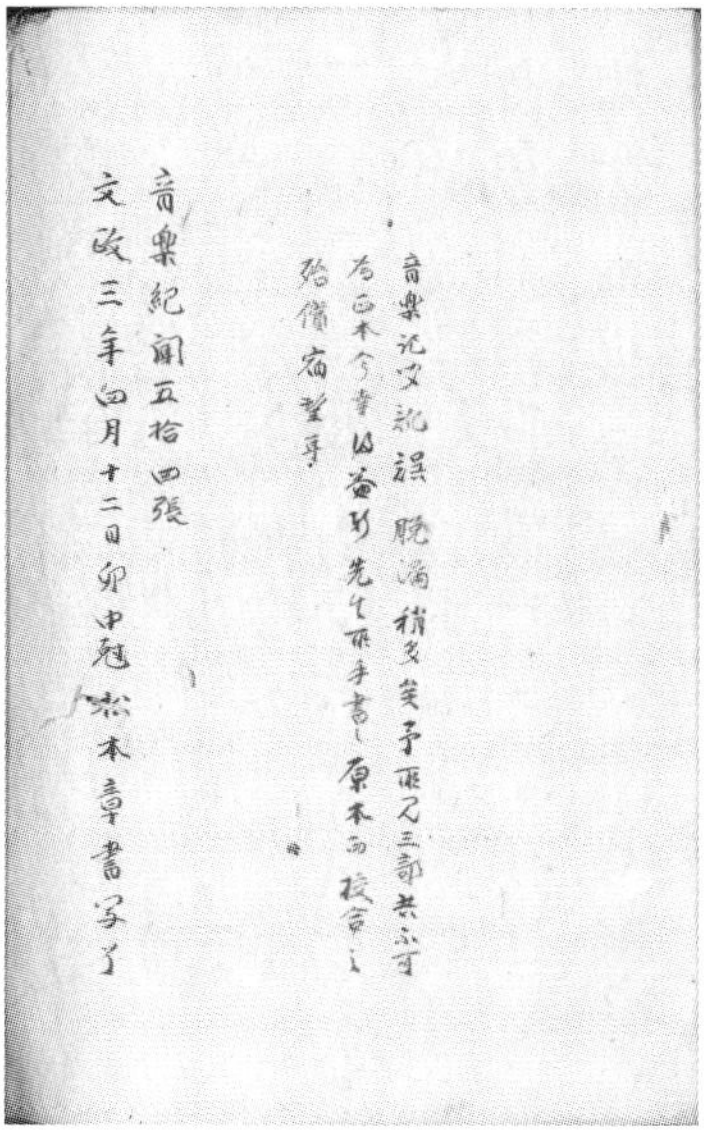

中京大学本
中京大学文化科学研究所所蔵

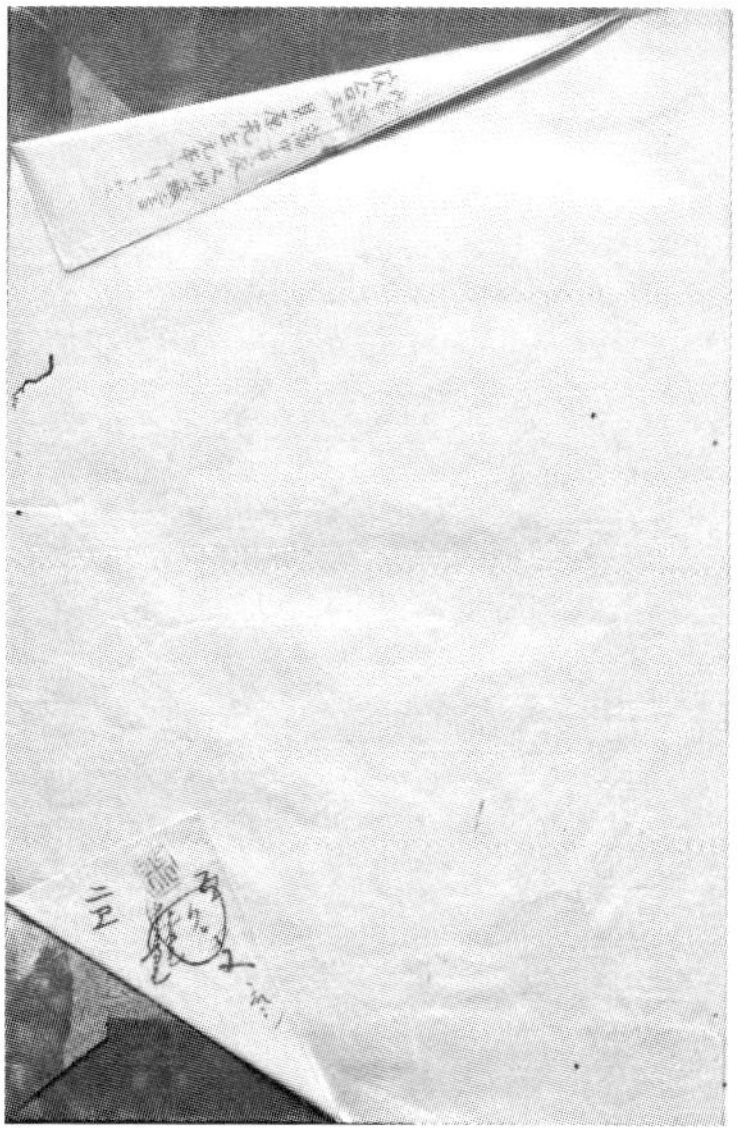

東京藝術大学本①
東京藝術大学附属図書館所蔵

みるとこの二本に近しい。一方、東京学芸大学音楽学研究室本と関西大学林謙三資料本も親子関係にあるが、九本のうちこの二本のみが漢字片仮名交じり文をとる。また本文の異同に鑑みると九州大学本、竹田市歴史文化館本は親族関係とは言えないがやや近しい。中京大学本もこの二本と共通項を含むが、図絵などを見ると異同がある。福岡県史資料本は本文の配列等を見るとほか八本とはやや別系統である。書写年代は殆どの伝本が不詳だが、中京大学本は文政三年（一八二〇）松本章なる人物による書写であり、竹田市歴史文化館本は天保二年（一八三一）、豊後岡藩の儒者伊藤輔世（伊藤鏡河の子。伊藤樵渓とも、一七九一〜一八九〇）による書写である。福岡県史資料本は大正年間ごろの書写と推定される。

第四群には異本との校合や書き入れのある伝本が多い。とくに東京藝術大学本①と中京大学本には興味深い識語がある。まず東京藝術大学本①は、後見返しの糊が剥がれた箇所の紙背に朱書で「此本筑州藩中有家之以蔵書／校合ス貝原先生元本ナリト云々」とあり、当該本の本文においては「元本」との異同を示したものと思しき朱書が数か所見受けられる。そして中京大学本は、外題下に「以益軒先生自筆稿本校合／松本章」、見返しに「庚辰五月得益軒先生手書原本而校合畢」、奥書に「音楽記聞訛誤脱漏稍多矣予所見三部共不可／為正本今幸得益軒先生所手書之原本而校合之／殆償宿望耳」とあり、書写者によって「益軒先生自筆稿本」と校合された旨が記されている。本文を見ると、中京大学本における「原本」に関わる書き入れは凡そ緻密なものと思われ、たとえば内題下の「損軒貝原篤信編輯」について、「損軒」の字に一重線が引かれたうえで「原本如此削」との書き入れがあるほか、「律」部と「楽器通論」との間や、「箏」「箏律」「箏押手」「笙」それぞれの見出しの右に「原本」には余紙がある旨の書き入れ、さらに朱書で傍点を振った箇所に墨書で「原本コノ朱点ナシ」との書き入れや、「曰」の字を指して「原本作云」などの書き入れが見受けられる。

　そのような校合に関わる識語が無い伝本を含め、第四群の伝本には行間や余白への書き入れがしばしば見受けられる。たとえば「惣論」中葉部の「教坊記唐崔今欽著曲名有」条は、第一群から第三群までの伝本においては次のようになっている（第三群の内閣文庫本に拠る。以下〔　〕は割注を示し、二行に亘る場合も一行に改めた）。

○教坊記唐崔今欽著曲名有夜半楽破陣楽千秋楽楊柳枝相夫憐浪陶沙西江月太平楽長慶楽蘇合香蘭陵王〔北斎人名〕

他方、第四群の伝本では、朱書または墨書で、まず「欽著」と「曲名」の間を指して行間に「言音楽事多記曲名其中」とあり、また「楊柳枝」と「相夫憐」の間を指して「甘州采桑三台紅娘子篤信曰今本朝有小娘子是小之字可為訛」とある（引用は九州大学本に拠った）。ここには「篤信曰」という益軒自身の見解と思しき内容が含まれる。ただし東京学芸大学音楽学本と関西大学林謙三資料本では「篤信曰今本朝有小娘子是小之字可為訛」のみ頭書にあり、「言音楽事多記曲名其中」「甘州采桑三台紅娘子」は本文に含まれる。

続けて本文の異同を見ていくと、第四群では「楽器通論」部の最末に以下の二条が加わる。(12) 九州大学本に拠る。

○范文正公喜弾琴然平日止弾履霜一操時人謂之范履霜〔老学庵筆記〕

○呂才伝云製尺八凡十二枚長短不同与律諧契尺八楽器之名〔見摭言逸史〕仙隠伝房介然善吹竹笛曰尺八〔困学紀聞〕

そして第四群の本文は第三群と同様、「物論」中葉部の「青海波」条と「合楽の時」条の間に「延喜式」条以下の四条が含まれ、(13) さらに「相府蓮」条以下に複数条が加わっているが、その内容が第三群とは大きく異なる。まず九州大学本に拠り、「相府蓮」条以下を次に挙げる。第三群の伝本に含まれない内容を太字ゴシック体で示す。

○相府蓮は平調の楽也舞なし平家物語に小督か嵯峨にて箏を弾しけるを仲国かきゝけるに夫を想ひて恋る想夫恋なりしとかけり誤也文字ちかへり晋の王倹は大臣なりしか其宅に蓮をうへ愛せし事を作れり徒然草にも此曲の事をかけり **〔事類合璧唐史曰于頔因瑞蓮制曲号相府蓮篤信曰楽名又有想夫憐曲与此不同〕**

○于頔司空以楽曲有想夫憐其名不雅将改之客有笑者曰南朝相府曽有瑞蓮故歌相府蓮自是後人語訛相承不改耳〔唐国史補〕

○長崎にて中華人曰中華には古楽すたりて絶て知る者なし今の楽は多くは玄宗皇帝梨園の遺也

○三体詩注曰天宝楽曲皆以辺地名若涼州伊州甘州煕州之類是也

○教坊記曰大面出北斉蘭陵王長恭性膽勇而貌婦人自嫌不足以威敵乃刻木為仮面臨陣著之因為此戯亦入歌曲○春鶯囀高宗暁声律晨唑聞鶯声命楽工自明達写之遂有此曲〔亦作舞曲一曰虞世南作○卓氏藻林〕

○書経通考説歴代之楽自伏犠至宋太祖○又曰羯鼓正如漆筩両頭倶撃以出羯中故号〻亦謂之両杖鼓○弾箏則用骨爪長寸余以代指

○文献通考倭部曰日本楽有五絃琴○篤信曰是和琴をいへるなるへし同高句麗部曰楽声甚下無金石之音既賜楽乃分為左右二部左曰唐楽中国之音也右曰郷楽其故習也是以見るに日本に中世より左方右方両部を立られしもかゝる事によれるにや左方にはからやまとあり右方には高麗楽を用ゆ

○曲破　曲終煩声名為入破〔卓氏藻林〕

○文献通考曰記曰声音之道与政通矣故審楽以知政蓋言楽之正哇有開於時之理乱也

○考経曰移風易俗莫善於楽呉臨川曰風者上之化所及俗者下之習所成移謂遷就其善易謂変去其悪○文選笙賦云楽所以移風於善亦所以易俗於悪

○四月賀茂祭の時神幸鳥居の外万歳楽〔下賀茂也〕御蔭の社にては五常楽鶏徳楽毎年あり伶人十一人なり馬上にて管をふけり途中は慶雲楽あり長楽也みかけより還御の時太平楽抜頭上加茂御戸開乱声十天楽廻盃楽鳥急胡飲酒開戸の時武徳楽

○内侍所御神楽公事根源下巻に見えたり

○呂東来曰汎観天壌之間鳥鳴干春虫鳴干秋而匹夫匹婦懽悲労佚喜怒舒慘動干天機不能自己而泄其鳴干詩謡歌之間

○続日本紀養老元年天皇行至近江国諸国司等詣行在所奏土風歌舞

○朱子曰詩出乎志者也楽出乎詩者也然則志者詩之本而楽者其末也末雖亡不害本之存患学者不能平心和気従容諷詠以求之情性之中耳
○酒胡子　順倭名抄曰諸葛相如酒胡子賦云因木成形象人質在掌握而可玩遇盃盤而則出
○千秋楽　玄宗以誕曰燕百僚於花蕚楼下作千秋楽曲〔卓氏藻林〕

第三群の伝本に比して、「相府蓮」条に注が加わり、さらに「于頔司」条以下の十数条が加わる。うち「相府蓮」条の注や「文献通考倭部」条には「篤信曰」という記述もみられ、益軒自身の見解とみられる内容が含まれる点も注意したい。竹田市歴史文化館本、中京大学本も「惣論」部末の条は九州大学本と同じ内容・配列である。(14) 一方、残りの六本における「相府蓮」条以下を見ると、九州大学本、竹田市歴史文化館本、中京大学本に比して、「千秋楽」条の次に以下が加わっている。東京学芸大学音楽学研究室本に拠る。

○春鶯囀唐高宗聞鶯声命楽工写之為春鶯囀亦舞曲一日虞世南作

この六本においては、「相府蓮」以下の条の配列にも異同がみられる。まず国会図書館本、東京藝術大学本①、静嘉堂文庫本の三本においては、本文の配列は九州大学本・竹田市歴史文化館本・中京大学本と同様で、「千秋楽」条の後に「春鶯囀唐高宗」条が加わるのみである。一方、東京学芸大学音楽学研究室本と関西大学林謙三資料本の二本は国会図書館本以下三本に比して、「文献通考曰」条乃至「内侍所御神楽」条と、「呂東来曰」条乃至「春鶯囀唐高宗」条の位置が入れ替わっており、「内侍所御神楽」条が最末条となっている。ただし当該二本には、「文献通考倭部曰」

条末尾に本文と同筆で「此六條宜錯文献通考右」とあり、また「春鶯囀唐高宗」条末尾に「右六条内侍所下」とある。この指示に従って並び替えたとすれば国会図書館本系と同じ配列になる。そして福岡県史資料本は大きく配列が異なり、まず「相府蓮」条の後ろは「長﨑」条があり、その「長﨑」条全体が見せ消ちされている。そしてその左に「文献通考曰」条乃至「内侍所御神楽」条、次いで「呂東来曰」条乃至「酒胡子」条、その後ろに「千頼司空」条乃至「曲破」条、その左に「千秋楽」条があり、最末尾は「春鶯囀唐高宗」条である。

さらに第三群までの伝本との異同は「箏」部の末においても見えるが、これについても第四群内の伝本ごとにさらに異同がある。九州大学本を見ると、「箏」末部には第三群までの最末「箏は蘇合香」条の次に以下の二条が加わる。

○箜篌　順和名曰俗云空古又曰揚氏漢語抄云箜篌百済国琴也和名久太良古止
○糸竹之音推琴為首古楽相伝至今其已変而未尽変者独此一種余音末世之音也婦人学此可以変化性情欲置温柔郷不可無此陶鎔之具［閑清寓寄］

このうち「糸竹之音」条は、第三群までの伝本では「楽器通論」部の和琴図の前に位置する。対して九州大学本は和琴図の前には当該条は無く、「箏」末部にのみ見えるのである。一方、竹田市歴史文化館本では「箏」末には「箜篌」条のみが「一本云」として朱書で加えられているが、和琴図の前の「糸竹之音」条を指して「一本下箜篌ノ条次ニアリ今略ス」と朱書がある。東京学芸大学音楽研究室本と関西大学林謙三資料本でも「箏」末は「箜篌」条で終わり、和琴図の前の「糸竹之音」条を指して本文と同筆で「此一条下ノ箜篌ノ次にアルヘシ」とある。他方、国会図書館本と東京藝術大学本①においては、「糸竹之音」条は和琴図の前にも「箏」末部にもあり、「箏」末部の「箜篌」条と

「糸竹之音」条は別紙片に書き入れられている。(15) ただし東京藝術大学本①については、和琴図の前の「糸竹之音」条を見せ消ちにして「此三行現本削之」との傍書がある。なおこの二本と近しい関係にある静嘉堂文庫本は、和琴図の前にも「箏」末にも「糸竹之音」条があるが、前者は見せ消ちされている。そして中京大学本では、和琴図の前の「糸竹之音」条を指して、「益軒先生原本此一条を載テ削去後亦箏ノ条ノ最末ニ書セリ」と墨書で書き入れがあり、「箏」末では「箜篌」条と「糸竹之音」条を余白に墨書で書き入れ、後者には「マヘノ和琴の図アルマヘノヶ条コ、ニカクベシ」とある。第四群の伝本はおおむね和琴図の前の「糸竹之音」条を「箏」末に移動させようとしており、それを反映したものが九州大学本と言えようか。さらに中京大学本や東京藝術大学本①の書き入れに鑑みると、どうやら「現本」や「原本」と称されている本には和琴図の前の「糸竹之音」条が見せ消ちされていたようである。

そして図絵については、東京学芸大学音楽学研究室本と関西大学林謙三資料本、九州大学本、竹田市歴史文化館本、そして福岡県史資料本が六種且つ箏図が巻末にある。第四群のみ図絵が六種系統の伝本が多いのである。一方、国会図書館本、静嘉堂文庫本、東京藝術大学本①の三本は八種且つ箏図が「箏押手」末にあり、二種には「敬重私録」「敬重私図之」との付記が見られる。このうち国会図書館本と東京藝術大学本①では、和琴図の和琴本体の部分ならびに「弾箏口決」の図、琵琶の「転手次第」の図がそれぞれ別紙片に書き改められ貼り付けられている。とくに東京藝術大学本①は、和琴本体部分に墨書で「益軒先生／元本ニテ／此図写／所ナレバ／証トスベシ」とあり、「弾箏口決」図にも朱書で「益軒先生元本写」、琵琶の「転手の次第図」には墨書で「貝原先生元書写」とあることから、「元本」と校合した際にこれを写した図絵を改めて貼り付けたものと推察される。加えて当該本には、篳篥の「舌」の図絵の左に朱書で「此図元本ニナシ敬重私□□」とある。

一方、中京大学本は、図絵が八種且つ箏図は「箏押手」末にあるが、篳篥本体の図と笙本体の図に付記は見られず、この点においては第三群の漢字平仮名交じり本に近い。ただし、篳篥の「舌」の図絵には「章云益軒先生原本無此図」、篳篥本体の図絵には「益軒先生原本不載此図」、また笙本体の図絵についても「章云益軒先生手書原本不載此図」との書き入れが確認できる。また箏図の位置についても、「章云原本巻末ニコノ図別ニカキテ張ツケタリ」との書き入れがある。つまり中京大学本で言うところの「益軒先生手書原本」の図絵は六種系統であったことが知られる。

最後に中京大学本の来歴に触れておくと、当該本は秋月藩出身の宮司、考古学者、有職故実家、古器物収集家の江藤正澄（一八三六〜一九一一）の旧蔵である。福岡図書館の創設などにも尽力した江藤は森鷗外とも親しくし、貝原益軒の『筑前国風土記』三十巻を浄書して贈ったらしい(16)。『音楽記聞』が儒者による雅楽に関する書としてのみならず、郷土の篤学貝原益軒の著作の一としても関心を持たれたことを示す伝本と言えよう。また江藤正澄は文人画家として知られる富岡鉄斎（一八三七〜一九二四）と親交があったが、当該本には鉄斎の子で歴史学者・考古学者の富岡謙蔵（一八七三〜一九一八）の蔵印も認められる。

四、おわりに

以上、煩雑ながら『音楽記聞』の伝本の在り方について述べてきた。中京大学本は最も本文が充実した伝本の一であり、その中でも異本との校合が詳細に為されているものと位置づけられる。表記や図絵、本文の配列等を加味すると、当該本と全く同一系統と言える伝本は今のところ無いが、「益軒先生手書原本」との校合によって、少なくとも図絵については別系統の伝本を参照したことが知られる。

表記や図絵、そして本文の異同がどのような意味を持つのかは現時点で明言できない。総じて図絵のうち二種（箏箑本体と舌、笙本体）は書写者によって追加されたものと推察するが、一方で目録に『音楽記聞』が「改作」されたとあることから、最も本文の多い伝本群に追加されている内容を「改作」後のものと断定するのは単線的であろう。祖本に複数の種類があった可能性などを含め、本文の段階的な異同の意味については慎重に考えていく必要がある。

本稿では検討が及ばなかったが、中京大学本には「益軒先生」の「原本」との校合のみならず、別の伝本との校合や、引用されている文献との異同など、さまざまな種類の書き入れや見せ消ちが見受けられる。祖本にまつわる結論は急がず、まずは各伝本における用字の異同などの検討と併せて、中京大学本における書き入れや見せ消ちの子細の把握を進めたい。

※資料の所蔵等についてご教示いただき、閲覧・画像掲載の許可をくださった中京大学の明木茂夫氏ならびに東京学芸大学の遠藤徹氏、資料の閲覧・複写・撮影を許可してくださった各所蔵機関の方々、また画像掲載を許可くださった東京藝術大学附属図書館の方々に心より御礼申し上げます。

注

（1）『国書総目録』の書名は「音楽紀聞」であり、中京大学本では表紙及び本文「物論」冒頭部は「音楽紀聞」、扉は「音楽記聞」となっているが、ここでは「音楽記聞」に統一した。

（2）この調査結果は、東京学芸大学大学院修士論文「貝原益軒の音楽論とその思想―『音楽紀聞』を手がかりに―」（二〇一〇年）にまとめたが、当時の調査内容についても本稿で加筆・修正した部分が多くある。なお当時の『音楽記聞』伝本の書誌調査の一部は、科学研究費補助金（一七Ｋ〇二二七六、研究代表者：遠藤徹）の助成を受けた。

（3）今日の定説では、日本の唐楽の源流は唐代の燕楽（宴饗楽）であり、この意味で本来の「雅楽」は伝わっていない。ただし近世には様々な主張があり、近世前期で言えば熊沢蕃山は古楽が日本の雅楽にのみ遺存すると主張したが、中村惕斎は唐楽を燕楽とみなし、貝原益軒も古楽は既に伝わらず、日本に伝わったのは「漢唐及高麗之楽」とした。

（4）熊沢蕃山の音楽思想については、馬淵卯三郎『糸竹初心集の研究―近世邦楽史研究序説―』（音楽之友社、一九九二年）、武内恵美子「熊沢蕃山の楽思想と一八世紀への影響」（笠谷和比古編『一八世紀日本の文化状況と国際環境』所収、思文閣出版、二〇一一年）、中川優子「熊沢蕃山の音楽思想―日本近世期の音楽文化における雅楽の位置づけから―」（『日本思想史学』五三号、二〇二一年）、中川優子「熊沢蕃山の雅楽観―『雅楽解』における五声・調子・十二律―」（『音楽文化学論集』一二号、二〇二二年）を参照。

（5）中村惕斎の『筆記律呂新書説』やその楽律研究については、榧木亨「中村惕斎『筆記律呂新書説』とその日本雅楽研究について」（『関西大学中国文学会紀要』三四号、二〇一三年、のち『日本近世期の楽律研究―『律呂新書』を中心に―』所収、東方書店、二〇一七年）、遠藤徹「中村惕斎と近世日本の楽律学をめぐる試論」（『国立歴史民俗博物館研究報告』一八三号、二〇一四年）、山寺三知「校点『筆記律呂新書説』（附訓読）」（一）～（五）（『國學院大學北海道短期大学部紀要』三〇～三三・三五号、二〇一三～二〇一六・二〇一八年）を参照。

（6）詳しくは中川優子「貝原益軒と雅楽」（『音楽文化学論集』一一号、二〇二一年）を参照。

（7）九州史料叢書『益軒資料二』（九州史料刊行会、一九五六年）、一一頁、一四頁。なお九州史料叢書『益軒資料七補遺』は『篤信編輯著述目録』ならびに『玩古目録』の別の伝本を載せるが、やはり前者の「国字」の部に「音楽記聞［元禄二年十五年改作］一巻」とある（九州史料叢書『益軒資料七』九州史料刊行会、一九六一年、三頁）。

（8）なお養生論に関わる益軒の音楽思想については、光平有希「貝原益軒の養生論における音楽」（『日本研究』五二号、二〇一六年、のち『「いやし」としての音楽―江戸期・明治期の日本音楽療法思想史―』所収、臨川書店、二〇一八年）に詳しい。また音楽論とも関わる益軒の「楽（ラク）」の思想については、横山俊夫「達人への道―『楽訓』を読む―」（横山俊夫

編『貝原益軒―天地和楽の文明学―』所収、京都大学人文科学研究所共同研究報告、平凡社、一九九五年）に詳しい。

（9）なお益軒は宝永六年（一七〇九）桜井神社に献納された和琴をめぐって『倭琴銘幷序』を記している。詳しくは中川前掲論文「貝原益軒と雅楽」を参照。

（10）『国書総目録』によると下郷文庫にも伝本があったようだが、戦災焼失とされており筆者は未見である。

（11）興味深いことに当該伝本の「物論」部「倍（陪）臚」条においては宗渕によるものと思しき朱書の頭書が見える。なお宗渕（宗淵）については、遠藤徹「宗淵と安倍季良―江戸後期の楽理研究―」（明木茂夫編『豊田市中央図書館の江戸期学芸書―雅楽資料『山鳥秘要抄』とその周辺―』所収、中京大学文化科学叢書二三、汲古書院、二〇二二年）を参照。

（12）当該二条は国会図書館本と東京藝術大学本①では別紙片に書き入れられている。

（13）ただし国会図書館本と東京藝術大学本①では、当該四条が別の紙片に書き入れられたものが貼り付けられている。また静嘉堂文庫本では「青海波」条と「合楽の時」条の間に「此間脱文出頭書」として、当該四条が頭書にある。

（14）ただし竹田市歴史文化館本においては「相府蓮」条の注と「千蛽司空」条のみ「一本」として朱書で書き入れられ、他の条は本文にある。

（15）東京藝術大学本①では「糸竹之音」条を記した紙片の左にさらに「箜篌」条を記した別紙片が貼り付けられている。

（16）筑紫豊「江藤正澄自筆稿本『遺憾録』について」（『図書館学』第三号、一九五六年）、一八頁。

資料紹介　中京大学文化科学研究所蔵『山谷詩集注』二十巻目録一巻

大島絵莉香

『山谷詩集注』とは、中国北宋の詩人、黄庭堅（一〇四五～一一〇五、字は魯直、号は山谷）の詩集に、南宋の任淵が注釈を施したものである。同書は、中国南宋で発行されて以降、日本でもそれを基に室町南北朝時代には五山版（中国で出版された漢籍を日本の五山を中心とする寺院が翻刻したもの）が発行された。黄庭堅の詩は、応仁の乱（一四六七～一四七七年）前後に禅林で流行し出したのではないかと推測されている(1)。本資料はそれよりも時代の下る江戸時代の刊本である。

目録一冊、本編十冊、毎冊二巻。改装浅葱色無地表紙（二六・八×一九・五糎）。五針眼訂。後補左肩に直書で「山谷詩集　幾」とある。左右双線（匡郭内二一・一×一七・〇糎）有界、八行十七字。句点附刻。版心「山谷（巻数）（丁数）」。中黒口双内向花口魚尾。第一冊目本編巻首に南宋・許尹による紹興乙亥十二冬（紹興二十五年、一一五五年）の「黄陳詩集注序」あり。本編巻尾には「二條通靏屋町　田原仁左衛門梓行」とあるのみで、年号はない。「田原仁左衛門」とは、江戸初期から中期にかけて盛んに漢籍や禅籍の出版事業を行った京都の書肆である。長澤規矩也氏による(2)と、無年号の田原仁左衛門発行本『山谷詩集注』は、寛永六年（一六二九年）九月大和田意閑刊本『山谷詩集注』の後修本の一つであるという。「大和田意閑」とは京都の書肆のことであり、「後修」とは元からある版木に手を加えて

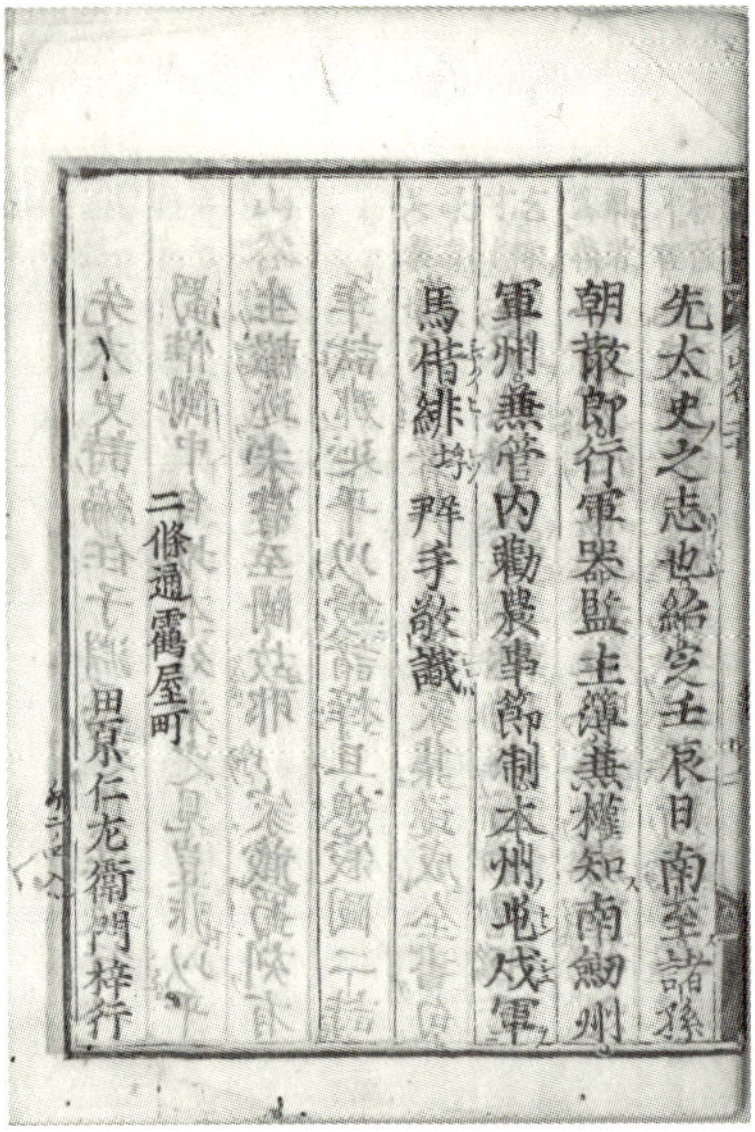
先太史之志也紹定壬辰日南至諸孫
朝散郎行軍器監主簿兼權知南劍州
軍州兼管内勸農事節制本州屯戍軍
馬借緋埛拜手敬識
二條通靏屋町
田原仁左衛門梓行

跋　末

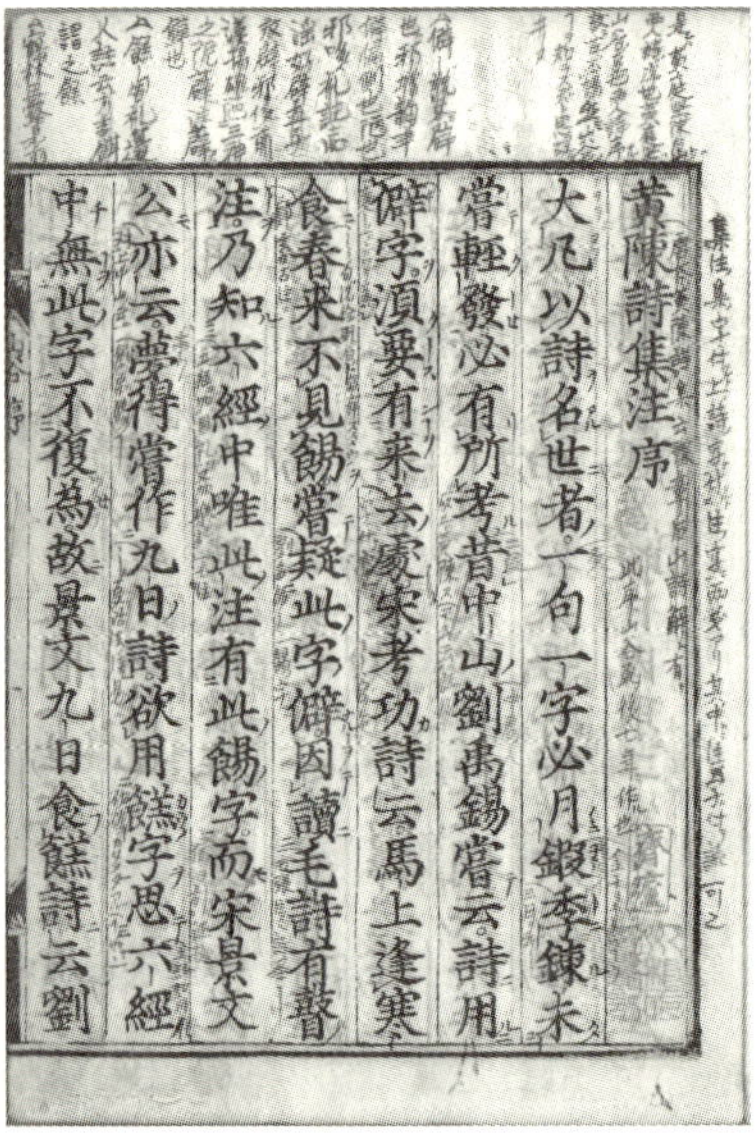
黄陳詩集注序
大凡以詩名世者一句一字必月鍛季錬未
嘗輕發必有所考昔中山劉禹錫嘗云詩用
僻字須要有来去處宋考功詩云馬上逢寒
食春来不見餳嘗疑此字僻因讀毛詩有聲
注乃知六經中唯此注有此餳字而宋景文
公亦云夢得嘗作九日詩欲用餻字思六經
中無此字不復為故景文九日食餻詩云劉

序　頭

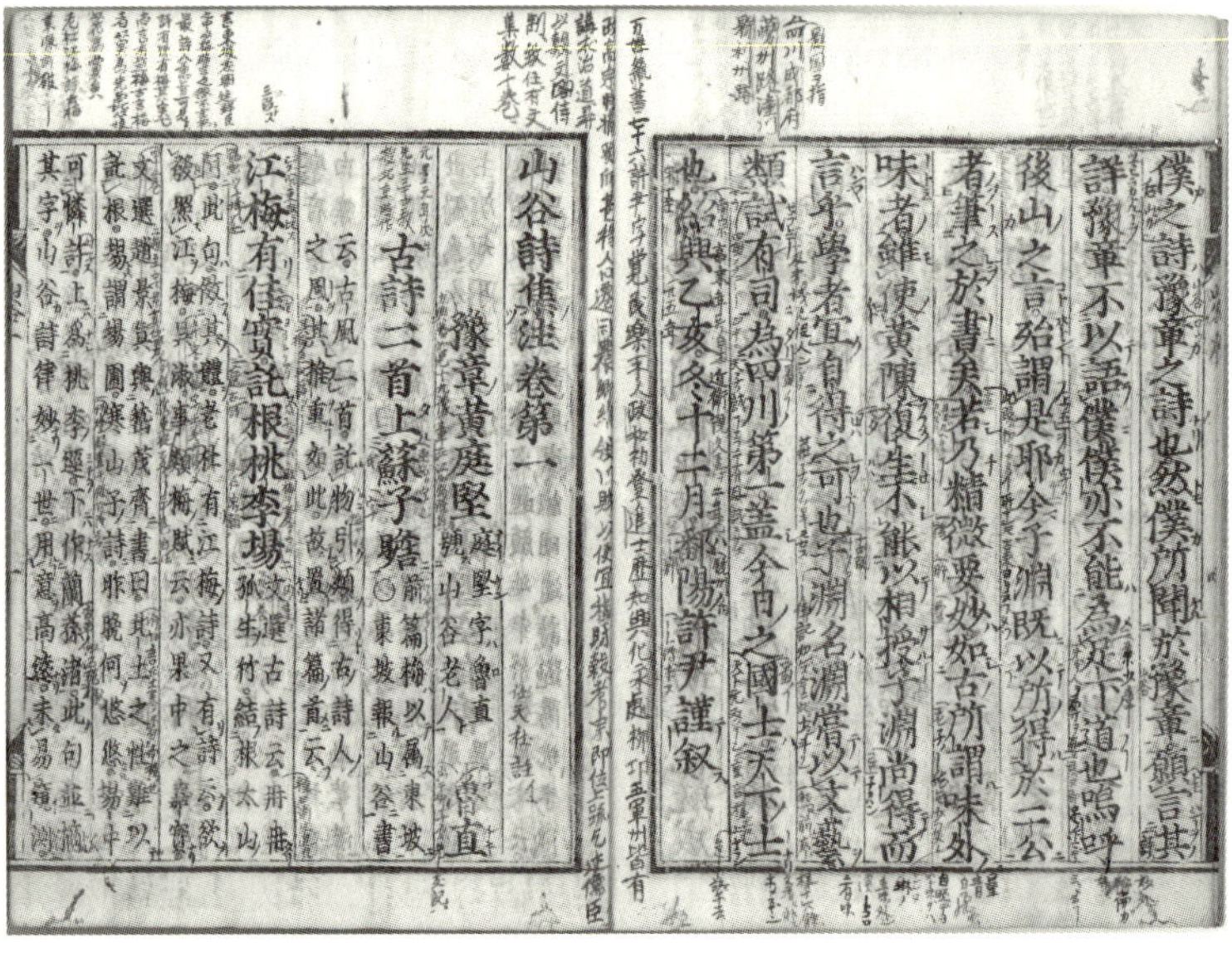
山谷詩集注卷第一
豫章黄庭堅魯直
古詩二首上蘇子瞻
江梅有佳實託根桃李場

僕之詩豫章之詩也然僕所聞於豫章願言其
詩豫章不以語僕僕亦不能爲足下道也嗚呼
後山之言殆謂是耶今子淵既以所得於二公
者筆之於書矣若乃精微要妙如古所謂味外
味者雖使黄陳復生不能以相授子淵尚得而
言乎學者宜自得之可也子淵名淵嘗以文藝
類試有司爲四川第一蓋今日之國士天下士
也紹興乙亥冬十二月鄱陽許尹謹叙

巻一巻頭　　　　序　末

印刷したものである。

なお、本資料と同じく巻尾に「二條通鶴屋町　田原仁左衛門梓行」とみえる十一巻本として、同版と思しき『山谷詩集注』（請求番号：三二一―〇二四九、内閣文庫旧蔵。以下、内閣文庫本と称す）が国立公文書館にあり、『新訂　内閣文庫漢籍分類目録』(3)では、「〔寛永六〕刊、（後修）」としている。一方で、内閣文庫と本資料にはわかりやすい差異がある。それは、「黄陳詩集注序」が第一冊目の目録の冒頭にあるか、第二冊目の本編の冒頭にあるかの違いである。あるいは本資料が改装の際に巻一の直前に綴じ直した可能性も考えられるが、未詳である。本資料の毎冊首に「齊盧」「川村氏／図書記」の蔵書印がみえること、また、明・凌迪知『万姓統譜』からの引用が本資料第一冊目の序の末尾の丁と巻一冒頭の丁とに跨っていることから、少なくとも蔵書印が押された時期及び『万姓統譜』の引用文が書入れられた時期には、序文は現在の位置にあったことが窺える。

さらに、本資料の目録及び本編の巻一～六の上欄・下欄・行間には、二名以上の複数人の手による墨・朱墨の書入れがある。その内容は黄庭堅の詩や任淵の注に対する語釈や訓点のほか、漢籍からの引用などである。これら書入れは誰の手によるか、また誰の説であるかは不明であるが、今後書入れ時期を推定するための手がかりとなりそうなものは、本資料巻一、二丁裏の上欄にある書入れである。

北山曰、菟絲山谷以自況、非也。下文小草以自況也。

（北山曰はく、「菟絲《とし》は山谷　以て自況す」は、非なり。下文の小草　以て自況するなり。）

これは、黄庭堅詩「古詩二首上蘇子瞻」（蘇子瞻は、黄庭堅が詩と仰いだ蘇軾、字は子瞻）の第二首目(4)題下の任淵の注に対する、「北山」なる者の反論である。「北山」は、任淵が「菟絲山谷以自況」（黄庭堅の当該の詩では、黄庭堅自身を「菟絲」（ネナシカズラ）に喩えているのだ）とする説を否定し、正しくは同詩中の「小草」に譬えていると指摘している。この「北山」を、江戸時代中期の儒学者、山本信有（一七五二〜一八一二年、号は北山）と仮定し、確認の容易いものとして、山本信有旧蔵の黄庭堅詩集『重刻黄文節山谷先生文集』（国立公文書館蔵。請求番号：三一五―〇〇九八）と山本信有による詩話『孝経楼詩話』[5]を調査したが、今のところ当該の記述は見つかっていない。「北山」の正体については山本信有に限定することなく、後考を俟ちたい。

注

（1）芳賀幸四郎氏『中世禅林における学問および文学に関する研究』（日本学術振興会、一九五六年）、二八八頁。
（2）長澤規矩也氏『和刻本　漢詩集成　宋詩　十四輯』（汲古書院、一九七五年）「解題　山谷詩集注」。
（3）『新訂　内閣文庫漢籍分類目録』（内閣文庫、一九七一年）、三三七頁。
（4）「古詩二首上蘇子瞻」其二の全詩は次の通りである。「青松出澗壑、十里聞風声。上有百尺絲、下有千歳苓。自性得久要、為人制頽齢。小草有遠志、相依在平生。医和不并世、深根且固蔕。人言可医国、何用太早計。小大材則殊、気味固相似。」
（5）『孝経楼詩話』は、『日本詩話叢書』巻二（文会堂書店、一九七二年復刊）所収。

第二部　図書館所蔵古典籍

中京大学図書館蔵本居宣長画像解題

中川　豊

本居宣長《もとおりのりなが》（一七三〇―一八〇一）は、その遺言書で祥月命日には歌会を催して門人が相集うことを求めているが、祥月に限らず歌会の節は六十一歳自画自賛像を掛けることがよろしい、と記している。

> 一、毎年祥月に者一度つゝ、可レ成長ケ手前に而歌会を催し、門弟中相集リ可レ申候、尤祥月当日には不レ限、日取リは前後之内都合宜キ日可レ為也、営日にあらず共、歌会之節も、像掛物右之通り餝可レ申候（1）

このことは、門人によって画像を求める要因となった。六十一歳自画自賛像は宣長生前はもとより、没後も鈴門や宣長を慕う人々により求められ、吉川義信《よしかわよしのぶ》、紀宗浄《きのそうじょう》、宮脇有慶《みやわきゆうけい》といった画師によって写され、枝葉を広げるが如く一人歩きを始め全国に広まりをみせた。需要に対する供給は追いつかず、木版印刷も行われている。現在でも多くの宣長像が諸研究機関・個人に蔵されており、全国の美術館・博物館で宣長関連の展示が開催されると、必ずと言っていいほど転写された宣長像は展示される。

宣長画像についてのまとまった研究は、吉田悦之氏が三十一点の宣長画像を取り挙げて画像を分類し、一点ずつ丹念な調査結果を報告をしている（2）。惜しむらくは図版掲載がほとんどない点であるが、宣長像の分類・整理を行い見通しを示していることは、大きな成果であった。

本稿ではわずか三点ではあるが、近年中京大学図書館に収蔵された宣長の画像を取り上げて、解題・図版を掲載することによって宣長画像研究の一助としたい。

1　本居宣長翁寿像　寛政七年（一七九五）写　一軸　121／52 Su 98　貴276　管理番号010／302
2　本居宣長大人御像　〔江戸後期〕写　一軸　121／52 B 48　管理番号010／354
3　本居宣長画像　〔幕末〕写　一軸　121／52 Mo 88

凡例

一、各解題には、日本十進分類法にもとづく請求記号を記したが、「1」には貴重書番号と管理番号を、「2」には管理番号を付している。
一、添紙の翻刻については、現在通行の字体に改めて句読点、濁点を付した。
一、〔　〕は筆者による補記である。
一、三点の宣長像は、中京大学図書館ホームページの検索結果画面の書誌情報とは異なる場合がある。

注

（1）『本居宣長全集』第二十巻（筑摩書房、一九七五年）二三三、二三四頁。
（2）吉田悦之「本居宣長の画像について　報告特別展示「宣長像のすべて」」（『須受能屋』第五号所収、一九九一年）。

1　本居宣長翁寿像　寛政七年（一七九五）写　一軸　121／52Su98　貴276　管理番号010／302

絹本彩色。本紙九三×三四糎。〔紀宗浄画カ〕。本居宣長自筆賛。

二重箱。外箱蓋面に「本居宣長翁寿像」と墨書された厚手和紙を覆う。内箱は「鈴屋翁寿像」（表）、「曾孫豊穎書」（裏）とあり、表裏面ともに本居豊穎の筆による。賛「しき嶋の山跡こゝを人とはゝ朝日にゝほふやまさくら花　寛政七年冬　宣長　六十六歳」。内箱中には弓削季依の長歌反歌を墨書した添紙一通が包紙に包まれた状態で同封されている。蔵書印「堂塔氏」。

本居宣長翁寿像

画師については、落款署名がないために判然としないが、鈴屋衣に紗綾形《さやがた》文様が描かれていることから、紀宗浄か宮脇有慶であろう。かつて思文閣の売立目録に掲載された「287本居宣長賛　鈴屋翁像」[3]（写真A）の額の皺、髭の濃さ、耳の輪郭などが酷似しており同画師と判断されるが、落款は掲載写真に写っておらず、箱書き等にも手掛かりはなかったようで、同目録の解説に画師についての記載はない。昭和五年（一九三〇）に宣長生誕二〇〇年を記念し、市立名古屋図書館（現、名古屋市鶴舞中央図書館）で開催された展示の写真帖に掲載された「画像」[4]（名古屋市　鈴木兵藤衛氏所蔵）一軸に宮脇有慶による宣長画像がモノクロ写真で掲載されている（写真B）。画の写真は不明瞭で判然としない部分もあるが顔の輪郭は当該画と類似しており、紗綾形文様も描かれている。前出の思文閣の目録には、もう一軸紀宗浄による宣長像が掲載されている（写真C）。こちらは紀宗浄の落款が捺され、解説にも「紀宗浄　画」と明記されている。この画像を石水博物館蔵紀宗浄筆「本居宣長像」（軸046　写真D）と比較すると、両画共通の特徴として唇の鮮紅色と目尻がややつり上がっている点が指摘できるが、中京大学蔵「本居宣長寿像」には、そのような特徴はみられない。本居宣長記念館蔵宮脇有慶筆「本居宣長像」（木版着色）と伝わる宣長像（写真E）とは様相が異なる。中京大学蔵「本居宣長翁寿像」の画帥については第三者の可能性も含めて、さらなる画像の用例を加えて、慎重な判断が求められよう。

内箱中に収められた添紙について左記する。

〔包紙上書き〕

拙詠　おのれ哥よむことのたど〳〵しきはさら也。筆とるわざゝへつたなければ、いと〳〵つゝましきを、父が名をすらしるしつる事など、なほ深くはぢてふものから、なにはのこともつねにへだてぬ中の君があふせ言には、いかにせんといなみがたうてなん。あなかしこ　季依

写真Ｃ　思文閣本 紀宗浄画

中京大学蔵「本居宣長翁寿像」

写真Ｄ　石水博物館蔵 紀宗浄画

写真Ａ　思文閣本 画者不明

写真Ｅ　本居宣長記念館蔵 伝宮脇有慶画

写真Ｂ　記念展覧会写真帖 宮脇有慶画

〔長歌反歌〕

美豆さくら雄の神のみかたにそへ奉る歌并反歌

物部季依

いはまくも　あやに畏き　あきつかみ　わがおほ君の　みまします　あづま京は　朝夕に　家居かずそひ　八千万　人はつどへど　たまあへる　人ぞすくなき　そが中に　むつ玉あへや　堂塔の　義敬ぬしは　皇国の　すなほ成ける　いにしへの　手ぶりをしたひ　深くしも　しのぶあまりに　その道に　こゝろ尽せし　大人たちの　哥らふみらと　水くきの　あとをたとふとみ　数さはに　集め来ぬれば　みたまにも　めぐしみませか　神風の　五十鈴のすゞの　鈴廼屋の　うしのみことの　正しかる　みかたのうへに　しき島の　やまとごゝろの　かぐはしき　みことの葉さへ　みゝづから　しるし玉へる　たまものを　われこそ得つれと　よろこぼひ　かたりにするを　いたゞきに　さゝげもちつゝ　おろがめば　くすしきかもよ　かぞふれば　三十とせあまり　昔わがいつきまつりて　玉櫛笥　はこねの山の　桜木を　こりて巻木に　とりよろひ　家の宝と　年久に　あふぎて有しを　わりなくも　ゆゑよしありて　さるかたに　ゆづりしものゝ　今もかも　おもひ出つゝ　なく子なす　したひまつるを　うれしくも　おなじ心の　友ゆゑに　二見の浦の　ふたゝびと　御かたにまみえ　まつるこそ　われもまた身の　幸なれや　そこを思へば　身におはぬ　わざにはあれど　庭雀　をどりまひつゝ　ありしそのおのづからなる　真心を　舌だみながら　かしこきや　神のみまへに　うたげつるかも

桜雄の神のこと葉の花こそはやまと心のしづめなりけれ

上総国長柄郡玉崎神社社司　古伊吹の屋大人門人物部春彦三男　七十二翁同季依　拝書

包紙上書きと長歌反歌は同筆で、弓削季依による自詠自筆とみてよい。季依は弓削春彦の嗣子。弓削春彦は、平田篤胤の高弟で、篤胤の「誓詞帳」「門人姓名録」にその名を連ねる[5]。弓削家は代々長柄郡中原村玉﨑社（現在の千葉県いすみ市在玉﨑神社）の神主[6]。春彦には三人の男子があったようで、その三男が季依である。箱書きは本居豊穎によるもので、維新後神社界での繋がりにより季依が豊穎に染筆を請うたのであろう。画は緻密で秀逸。鈴屋衣の陰影も丁寧に描かれている。長歌によると画像は本来弓削家所蔵であったがやむを得ず手放し、堂塔義敬なる人物の所蔵に帰していたのを偶然拝したようである。像の軸は、弓削家旧蔵の三十年前に箱根の桜木を用いて仕立てたもので、詠歌は画像を再び拝した喜びを詠じている。所蔵印にも見られる「堂塔氏」は不詳。

注

（3）『和の美―特別号・某家旧蔵品売立目録―』（思文閣墨蹟資料目録四八〇、二〇一四年）。
（4）『本居宣長先生誕生二百年記念展覧会写真帖』（市立名古屋図書館、一九三〇年）〔九頁〕頁付なし。
（5）『新修平田篤胤全集』別巻（名著出版、一九八一年）二五・二五八頁。
（6）中川和明「東上総における平田国学の展開　新出の弓削元宏家所蔵資料を中心に」（『書物・出版と社会変容』二十三号、二〇一九年九月）。

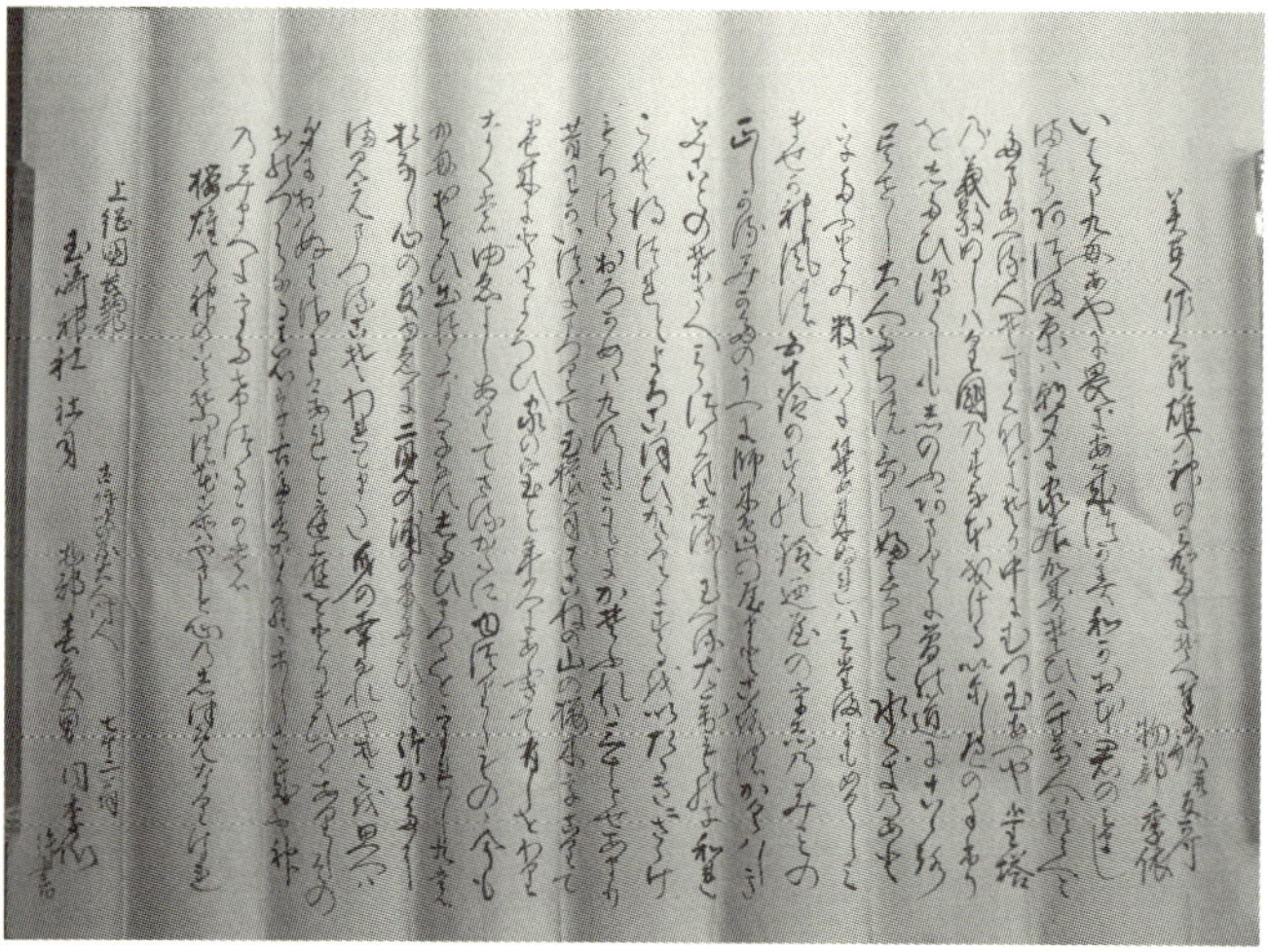

弓削季依の長歌反歌

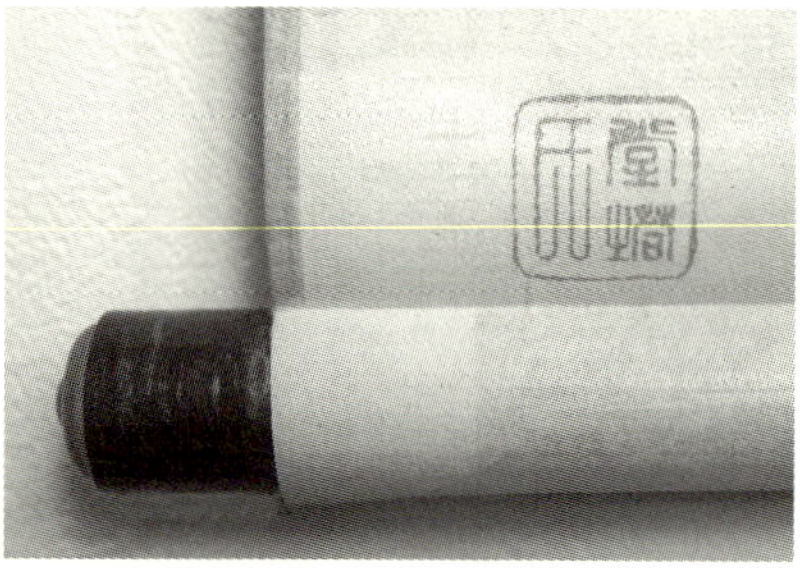

蔵書印 「堂塔氏」

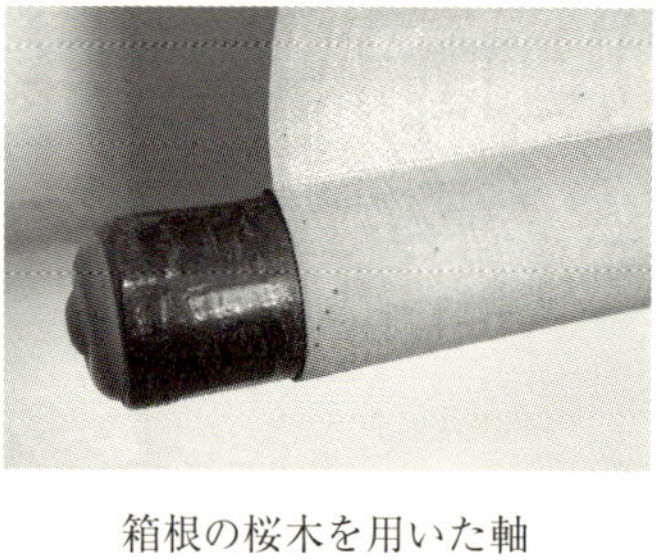

箱根の桜木を用いた軸

内箱（裏）

内箱（表）

2　本居宣長大人御像　〔江戸後期〕写　一軸　121／52B48　管理番号010／354

紙本着色。一〇一×二八・一糎。一渓〔吉川義信〕画。本居宣長自筆賛。

箱書「本居宣長大人御像　御自詠御題しきしまの」（表）、「翁之門人美濃国高田の里なる柏渕藤左衛門三千広に与へられたる御像に御詠を題し玉へる也　後学竹内文平（花押）」（裏）。賛「しき嶋の倭こゝろを人とはゝ朝日にゝほふ山さくら花」。

画は吉川義信。箱書きは表裏両面共に竹内文平《たけうちぶんぺい》（一八七六―一九四七）による。箱書きによれば、宣長が柏渕道尋《かしぶちみちひろ》（三千広）に与えた一軸ということであるが、竹内文平がそのように記した根拠は不明。竹内文平は、「桑名矢田町の人、元町長、号篁園、文雅を好み郷土文献を始め、稀書、古写本、古書画を多く蒐蔵す[7]」とある通り、世に「篁園《こうえん》」「篁園文庫」で巷間に知られている。七十二歳没。

軸装裏面に添付された紙片墨書に「本居平宣長翁肖像自筆歌画尾陽一渓　伊勢国飯高郡松坂人号鈴之屋翁始名春庵後中衛。享和元年辛酉九月廿九日終焉。春秋七十二齢。謚高岳院石上道啓居士。又秋津比古美豆桜根大人。山室妙楽寺中葬。像上之歌は山どりの尾はりくに春霞名古屋のたびやどにてふみども講ぜられしときかきて玉はりける。寛政六年甲寅うづきのことなり。」とあり、寛政六年（一七九四）の宣長の名古屋行き（三月二十九日出立、四月二十六日帰宅）の際に宿舎にて賛を施したという。柏渕道尋は、「初名は在香（有香）、のち三千広とも。通称藤左衛門。字は士憲。号松庵。美濃国多芸郡高田（岐阜県養老郡養老町）の人」（『本居宣長事典』）。

注

（7）『桑名市史　補編』（桑名市教育委員会、一九六〇年）三〇〇頁。

箱（裏）

箱（表）

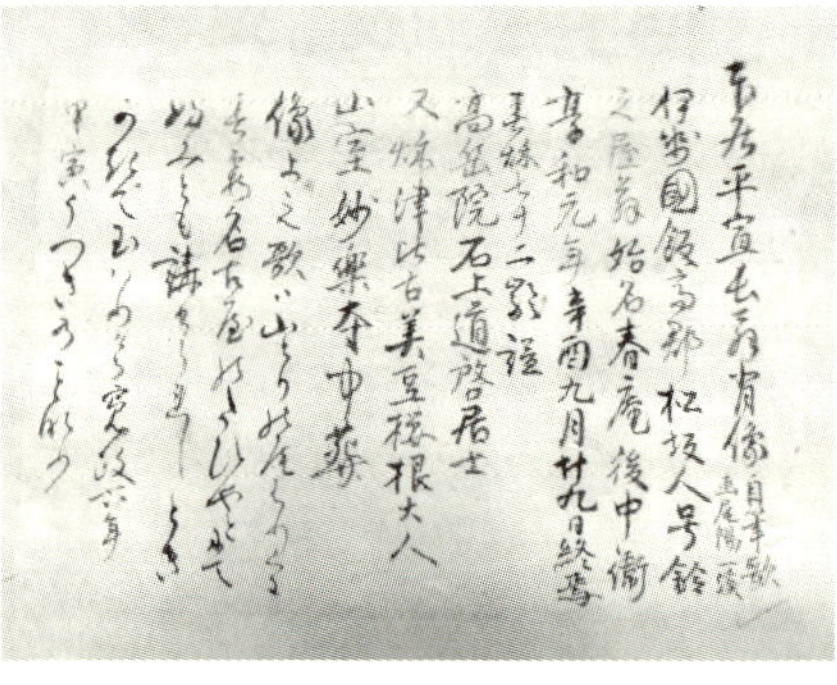

軸装裏面紙片墨書

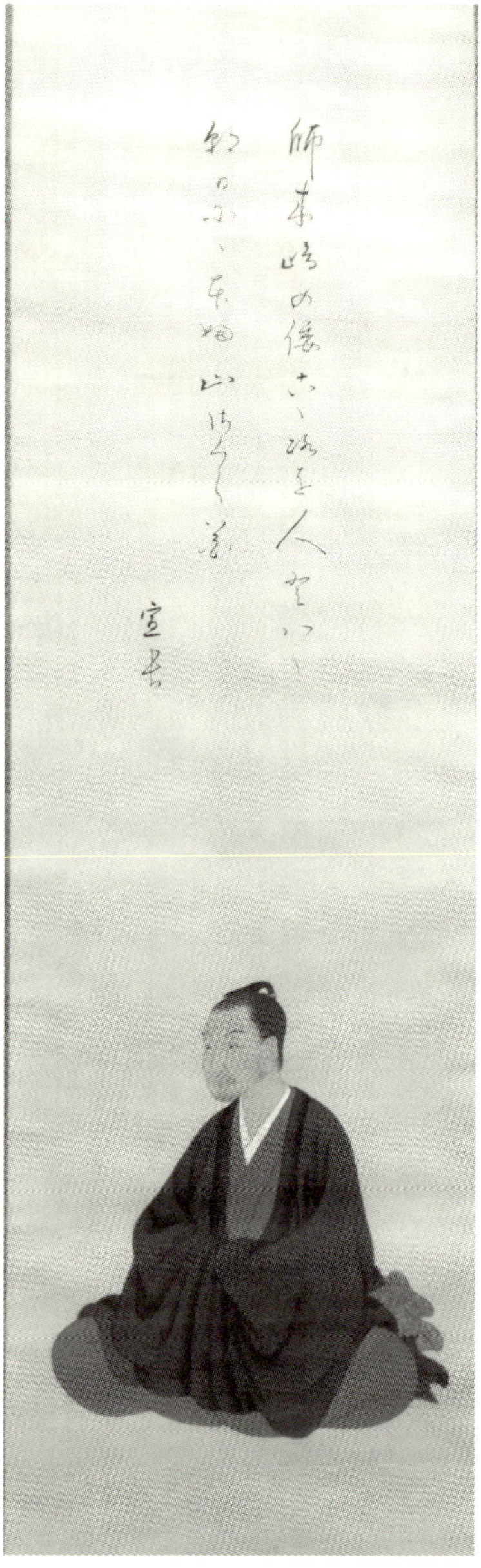

本居宣長大人御像

3　本居宣長画像　〔幕末〕写　一軸　121／52 Mo 88

絹本着色。一〇一×三三・七糎。画師不詳。植松茂岳筆賛。

画者は不明ながら吉川義信系。画の特徴として、髻を結った紐の部分に隙間が見られない。髻の紐は薄茶色三重巻。

賛は「不知謹書」とあり、植松茂岳による。「しき島のやまと心を人とは、あさ日ににほふ山さくらはな」。箱書「本居宣長画像敷島のうた」（表）。箱書きも茂岳筆。

宣長没後、宣長画像への敷島歌揮毫者は嗣子大平や娘の美濃、さらに下って豊穎など一族によって受け継がれていく中で、揮毫者が鈴門植松有信の養嗣子である植松茂岳に及んでいることは注目してよかろう。維新前後、茂岳の尾張鈴門での位置を示しているとともに、宣長像受容の多さを示していよう。

本居宣長御像

箱（表）

植松茂岳の署名

本稿執筆にあたり本居宣長記念館の井田もも氏・西山杏奈氏、石水博物館の桐田貴史氏には閲覧の便を図って頂きました。また、本居宣長記念館名誉館長吉田悦之氏にご教示を頂きました。深謝申し上げます。

『浅聞抄』

――『源氏物語』起筆説話をめぐって――

小高道子

中京大学図書館蔵『浅聞抄』（請求記号913.365/Se54/1、以下「中京大本」と略す）は『源氏物語』の梗概書。縦二十一・四センチ、横十六・七センチ。袋綴じ一冊。墨付二百二十二丁、前後に各一丁遊紙あり。表紙中央の題簽に「浅聞抄　上」と記す。表表紙は薄黄色無地で、あるいは型押しがあったかもしれない。裏表紙は香色無地で型押しの痕跡があるが模様は不明。表表紙と裏表紙は異なる紙と推定できる。表紙のあと遊紙が一紙あり、続いて「浅聞抄《せんもんせう》　目録《もくろく》上」として「一　桐壺」「二　帚木」から「十六　乙女」までの巻名が記される。[1]『浅聞抄』は、『源氏大鏡』の二類に分類されているが[2]、同じく二類本とされる『袖鏡』とは大きく異なっている。

一　湖面に映った『源氏物語』

中京大本は、『源氏物語』の起筆について、紫式部が石山寺に参詣し通夜した折、八月十五夜に湖面に映った月を眺めていると、作るべき草子の「おもむき」が湖中に映り、それを「観音の利生」と有り難く書き留めたとする。

表表紙

裏表紙

式部、此物かたりをつくらんとて事じやうじゆのきせいのために石山にまいりつやしけるに、八月十五夜の月こすいにうつりて水のおもてあきらけく心もくまなくすみわたりたるに、つくるへきさうしのおもむき式部かけこちうにみなうかびたる也。しきふくはんをんの御りしやうそとありかたくてぶつぜんの大はんにやを申おろし、そのうたをひるがへしてまつこれをかきと丶めたる也。ことじやうじゆの後、式部一ひつにて大はんにや六百くはんをしよしやしてほうなうし奉るとかや。　（濁点は原文のまま）

心敬自作自注の本能寺本『芝草句内岩橋上』「60」には次の発句と自注とが載る。

60時雨れけり言の葉浮かぶ秋の海

石山にての発句なれば、光源氏の巻の湖水にうかびたるなどといへることによせ侍り

この自注にある「湖水に浮かびたる」の注に、伊藤伸江・奥田

勲氏（以下「両氏」と称す）は、心敬自作自注の「本能寺本『芝草句内岩橋上』訳注（五）」（以下「訳注」という）で「源氏物語の内容が湖面に浮かぶこと。」とする。そして「五十四帖の面影湖水にうかびたるなど言ひ伝ふることを思ひよれるばかりなり」と記した『東国紀行』を引用して【考察】では次のように言う。(3)

源氏物語の内容が湖面に浮かぶこと。「秋ふかし言葉の林筆の海　五十四帖の面影湖水にうかびたるなど言ひ伝ふることを思ひよれるばかりなり」（宗牧『東国紀行』）→【考察】

【考察】

紫式部の源氏物語執筆説話は、式部が、石山寺で湖面に映る八月十五夜の月を見て思いついたとする形が主に流布するが、心敬の句は、源氏物語の内容が湖面に浮かぶことを詠んでおり、この形の言説は『源氏大鏡』第二類本に見られるものである。

『袖かゝみ』

式部此物語をつくらんとてこと成就の祈誓のために石山にまいりつやしけるに八月十五夜の月湖面にうつりて水のおもてあきらけく心もくまなくすみわたりたるにつくるへきさうしのおもむきみつうみの波にうかひあらはれたるなり

両氏は、心敬の句は紫式部が「石山寺で湖面に映る八月十五夜の月を見て思いついたとする」「主に流布する」形とは異なり、「源氏物語の内容が湖面に浮かぶことを詠んで」いるとされた。そして心敬が同じ逸話で『芝草句内岩橋下』においても歌を詠み、自注で説明していることを指摘して、「和歌にまで源氏梗概書に付された逸話を読む心敬独特の手法は、注目に値する」とされた。

『源氏物語』の内容が湖面に映ったとする『源氏大鏡』二類本の解釈は、湖面に浮かぶ月を見ていて『源氏物語』の面影が浮かんだとする「主に流布する」形と大きく異なるのであろうか。

湖中に浮かんだのは作るべき草子のおもむきであり、式部は観音の利生と有り難く思い、これを書留めたという。改めて『袖鏡』を見ると、「みつうみの波にうかひあらはれたる」のは「つくるへきさうしのおもむき」である。これは「紫式部の源氏物語執筆説話」とは異なる二類本にみられる「源氏梗概書に付された逸話」といえるのであろうか。次に「主に流布する」形の『河海抄』の注を検討してみたい。

二　『河海抄』の注記

紫式部が石山寺に参詣して八月十五夜に湖面に映る月を見て『源氏物語』の着想を得た、という起筆説話は『河海抄』に見られる。奥田勲氏はこの起筆説話が『河海抄』に見られることを指摘され、さらに天文二十四年に行なわれた『石山千句』『石山月見記』を翻刻・解説され、三条西公条と義俊・宗養・紹巴とのかかわりを指摘されている。(4)

『源氏物語』の執筆について『河海抄』は次のように言う。

大斎院（注略）より上東門院へめつらかなる草子や侍ると尋申させ給けるにうつほ竹とりやうの古物かたりはめなれたれはあたらしくつくりいたしてたてまつるへきよし式部におほせられけれは石山寺に通夜してこの事をいのり申けるにおりしも八月十五夜の月湖水にうつりて心のすみわたるまゝに物かたりの風情空にうかひけるをわすれぬさきにとて仏前にありける大般若の料紙を本尊に申うけてまつすまあかしの両巻をかきはしめけりこれによりて須磨の巻にこよひは十五夜なりけりとおほしいて、とは侍るとかや

『源氏大鏡』二類本と『河海抄』との相違は、物語の風情（あるいは面影）が浮かんだのが、「空」（『河海抄』）であるか「湖面」（あるいは湖中）であるかのみである。『河海抄』では、物語の風情が浮かんだのは「空」ではあるが、単に「石山寺で湖面に映る八月十五夜の月を見て思いついた」のではなく、月が映る湖面を見ている時に物語の風情が空に浮かんだという。同じ状況で物語の風情や面影が浮かんだ時に、浮かんだ場所が空ではなく湖面であったというだけで、『源氏大鏡』二類本にみられる「源氏梗概書に付された逸話」は、『河海抄』等で継承した起筆説話とは異なる逸話といえるのであろうか。

『河海抄』に見られる起筆説話は、後の『源氏物語』注釈書にも伝えられた。『東国紀行』を書いた宗牧の子宗養が記した『休聞抄』にもこの起筆説話は見られる。

大斎院（注略）より上東門院へめつらかなる草子や侍ると尋申させ給ひにけるにうつほ竹とりやうの古物語はめなれたれはあたらしくつくり出して奉るへきよし式部に仰られは石山に通夜して此事を祈申におりしも八月十五

夜の月湖水にうつりて心のすみわたるまゝに物語の風情空にうかひけるを忘れぬさきにとて仏前にありける大般若の料紙を本尊に申請てまつ須磨明石の巻を書とゝめけり之によりて須磨の巻に今夜は十五夜なりけりとおほしいてゝとは侍るにや

しかしながら、同じ連歌師の注でも紹巴が三条西公条の講釈を聞書した『修正・復刻版　永禄奥書　源氏物語紹巴抄』（以下『紹巴抄』と略す　和泉書院　二〇二〇年）にはこの記事は見られない。このことからも、『紹巴抄』は奥書に記すとおり、公条の講釈を聞書したものであり、『休聞抄』をもとに纏めたのではないことが裏付けられよう。(5)

『河海抄』の記事は、『紹巴抄』には見られないが、『岷江入楚』は、『源氏物語』の成立について、『河海抄』を引用して次のように記す。

河　大斎院より上東門院へめつらかなる物語や侍るとたつね申させ給けるにうつほ竹取やうの物語はめなれたれはあたらしく作出して奉へきよし式部に仰られけれは石山寺に通夜して此事を祈り申に折しも八月十五日夜の月湖水にうつりて心のすみわたるまゝに物語の風情そらにうかひけるを忘れぬさきにとて仏前に有ける大般若の料紙を本尊に申うけて先すま明石の両巻をかきはしめけり　これによりてすまの巻にこよひは十五夜なりけりとおほしいてゝとは侍とかや

『岷江入楚』は、紹巴・三条西実枝の講釈を聞いて纏めているが、講釈を聞く前に『河海抄』と『花鳥余情』については事前にその内容を書写している。(6)中院通勝は紫式部が『源氏物語』を執筆した事について『河海抄』の記事を引用したのであろう。

『岷江入楚』は、紫式部が『源氏物語』を執筆した経緯について『河海抄』の記事を引用しているが、須磨巻の「こよひは十五夜なりけり」の注に、先に引用した『河海抄』の記事の後半に出てくる注を念頭においた三条西実枝の注釈を載せる。

『岷江入楚』須磨「こよひは十五夜なりけり」の注

箋聞　此巻を始て石山にてかきたる其夜八月十五夜にあたりてかくかけりと云々　此説不可用

「箋聞」は、通勝が実枝の説を聞書したことを示す注記であるから、実枝は口頭で『河海抄』の説をあげて「此説不可用」と講釈したのであろう。『河海抄』に見られる起筆説話は、『岷江入楚』に三条西家の説として引用される事はなかったが、実枝は『河海抄』の説を三条西家では用いない説として理解していたことがわかる。実枝は『河海抄』に見られる執筆についての逸話を知ってはいたが、三条西家の『源氏物語』講釈においては触れなかったのであろう。

三　「紫式部石山詣図」（宮内庁書陵部）と『源氏物語竟宴記』

公条は、古今伝受をはじめとする父三条西実隆の古典学を継承した。紹巴に古今伝受を相伝しなかったことは知られているが、紹巴に対して『源氏物語』は講釈している。紹巴に対する『源氏物語』講釈は、通勝に伝えた講釈には見られない、引歌とテニハの聞書が見られる。歌詠みとして『源氏物語』を学ぶ歌人に対する講釈と、連歌師に対する講釈では、必要な内容が違っていたのであろう。公条の源氏学は、実枝を経て中院通勝に伝えられたが、九条稙通にも相伝された。公条から稙通への講釈が終了した際、講釈終了を記念して竟宴が行なわれた。『源氏物語竟宴記』には、九条稙通が三条西公条の『源氏物語』講釈を聴聞し終えたのを記念して行なわれた竟宴の記録が記されている。

この時、紫式部が石山寺で湖水に映る月を見て『源氏物語』を発想した様子を描いた図が描かれ、そこに三条西公条が賛を書いている(7)。この図は宮内庁書陵部に伝わる。三条西公条は、紫式部の起筆説話を源氏物語講釈で用いることはなかったが、講釈終了を記念する図に起筆説話を用い、自ら賛を記したのである。公条自筆の賛の該当部分を引用しておく。

紫式部者越前守為時女也候　上東門院焉古伝上東門院令式部作源氏物語式部詣石山寺祈之于時八月十五夜也遥見湖水之月趣向忽然生則須磨明石両巻書之帰京録之一部之功云々

四　『源氏大鏡』第二類本について

『源氏大鏡』第二類本には、他の『源氏大鏡』とは異なる注記が見られることがある。また、同じ第二類本でも、『袖鏡』と『浅聞抄』とでは異なることが多い。二類本をはじめとする梗概書は、歌詠み必読の書として行なわれた歌学者の源氏物語注とは異なる人々に享受されたのであろう。そのため、梗概書の研究には、連歌・俳諧・絵画などの周辺分野との関係のみならず、注釈書にみられる解釈も念頭に置いて考察することが必要であろう。

注

（1）「空蟬《うつせみ》」「夕顔《ゆふがほ》」「末摘花《すゑつむはな》」「蓬生《よもぎふ》」「関屋《せきや》」の巻には漢数字を付さずに「幷《ならび》」として巻名を記す。そのため乙女巻が十六となっている。

（2）「夕顔の死と六条御息所」（『中京大学文学部紀要』二〇二〇年十一月）を記した時、『袖鏡』の解説に従って『袖鏡』を五類本としたが、同書は二類とする事が多い。そのためここでは二類本とする。

（3）「本能寺本『芝草句内岩橋上』訳注（五）」（『愛知県立大学異文化研究所紀要四』二〇一八年）

（4）奥田勲氏「石山寺と源氏物語和歌」（『石山寺資料叢書　文学篇　第二』法蔵館　一九九九年）

（5）紹巴は『紹巴抄』の奥書に、三条西公条の源氏物語講釈を聴き、その講釈聞書を整理して注釈書を作成したという。しかしながら井爪康之氏は『紹巴抄』の作成期間が短く聞書を整理する時間的余裕がなかったと考えられることと、講釈の日付け注記が見られないことから公条の講釈聞書を整理したのではなく『休聞抄』をもとに作成したと推定された（『源氏物語注釈史の研究』新典社　一九八三年）が従えない。『紹巴抄』と『休聞抄』については「真木柱巻」「花宴巻」「桐壺巻」についてそれぞれ『中京大学文学会論叢』二〇一五年三月・『同』二〇一八年三月・『中京大学国際教養学部論叢』二〇一九年十月において検討を加えた。

（6）中院通勝が講釈を聞く前に、予め『河海抄』『花鳥余情』を検討していたことは「岷江入楚の「秘」と「或抄御説」—梅枝巻「花の香は」の注を中心にして—」（『国際教養学部論叢』二〇一五年九月）で検討を加えた。

（7）「紫式部石山詣図」については片桐弥生氏「「紫式部石山詣図」（宮内庁書陵部）と『源氏物語竟宴記』」（『静岡文化芸術大学研究紀要』十四　二〇一四年三月）による。

付記

『浅聞抄』の閲覧・調査に際して先端共同研究機構機構長來田享子教授、図書館館長酒井敏教授に格別の御高配を賜わった。また、湖面に浮かぶ『源氏物語』については、「『東国紀行』を読む会」（鶴崎裕雄・宇野千代子・瀬戸祐規・森川英純・山村規子・

湯川敏治）における検討に負うところが大きい。記して深謝申し上げる。なお、本稿は科学研究費補助金〈22k00329〉による成果の一部である。

伊藤而后の基礎的研究
――中京大学図書館所蔵の俳諧資料を手がかりとして――

伴野文亮

はじめに

本稿は、近世後期の尾張俳壇で活躍した伊藤而后の歴史的位置について、中京大学図書館所蔵の古典籍のうち『而后発句集』と『農談集』を手がかりとして検討するものである。

本題に入る前に、いまなぜ伊藤而后を検討するのか、理由を述べておきたい。

近年、明治俳諧史における「旧派」の存在に着目する研究が隆盛している。例えば越後敬子は、明治期に出版された類題句集を丁寧に調査し、太陽暦採用後に句の変化などがみられた一方で、近世との連続性を明らかにした(1)。越後はさらに、「旧派」が制作した類題句集と、正岡子規登場以後の「新派」が制作したそれとの比較を試み、それぞれの個性を詳らかにした(2)。また、「旧派」として活躍した宗匠たちの研究も盛んに行われている。なかでも、明治初期に俳諧教導職となり、俳諧による人心「教化」に取り組んだ三森幹雄については、越後による精緻な研究が存在する(3)。一方、青木亮人は、俳諧明倫講社に代表される幹雄による実践が同時期の地方社会や正岡子規に与えた影響を鮮やかに描き出し、「旧派」俳人としての幹雄の歴史的位置を明確にした(4)。その他、幹雄と同時代に活躍した晋永機(5)や橘田春湖[6]、永島拾山[7]や松島十湖[8]ら個々の俳人たちに関する研究も蓄積されている。

かかる近年の「旧派」に関する研究のなかでも、秋尾敏と加藤定彦の成果は特に重要である。秋尾は、幹雄と同時期に俳諧教導職となり、俳諧結社「教林盟社」の中心人物として活躍した橘田春湖に着目し、彼の俳諧実践と幕末段階に形成された国学者や伊勢派とのネットワークの関わりを詳らかにした[9]。また加藤は、近世後期に遠江国で活躍した伊藤嵐牛に着目し、彼に関する資料を翻刻する作業を基礎として、同時代の柿園社中の存在と明治期の「旧派」（松島十湖）に与えた影響を詳らかにしている[10]。両者の研究に共通するのは、近世と近代を地続きのものとして捉えながら、かつ、個々の俳人のみならずその時代性や社会的・文化的背景をも考慮に入れながら、当事者たちの個性と俳諧史のイメージを深掘りしようとしている点である。今後の「旧派」研究は、右の動向を踏まえて展開する必要がある。

以上の研究動向に鑑み、本稿では近世後期の尾張地域で活躍した伊藤而后に着目し、俳諧史における而后の位置づけを検討する。近世の尾張俳壇については、さるみの会による記念碑的な研究である『東海の俳諧史[11]』のほか、近世前期の俳壇の様子を詳らかにした服部直子の研究[12]や、尾張地域で流行した「狂俳」の全体像を精緻に描いた冨田和子の研究[13]などがあるものの、近世後期の研究蓄積はさほど多くない。また、明治期の「旧派」に関しては、『俳文学大辞典』の「東海俳句史[14]」で久野嬬鶴[15]と松井鶴羨[16]の動静に少し触れていることと[17]、『名古屋市史　人物篇[18]』で松浦羽洲ら数名の略歴を載せるに止まり、嬬鶴による俳書出版の実践を検討した鈴木俊幸の研究成果[19]を除けば、明治俳諧史において確かな存在感を放っていた（この点については後述）彼・彼女らを歴史化する研究は蓄積が少ない。

以上の研究状況に鑑み、本稿では、近世後期の尾張俳壇で活躍した伊藤而后に着目し、近世・近代転換期の日本における俳諧「旧派」をめぐるイメージを深掘りするための基礎的考察を試みることにする。

一　伊藤而后と近世中期以降の尾張俳壇

本節では、伊藤而后関係俳書の検討に先立って、而后の人物像と、彼が身を置いていた近世中後期の尾張俳壇の様子について確認する。

まず、伊藤而后の人物像からみていこう。一九三四年（昭和九）に刊行された『名古屋市史』には、「四八　伊東而后」として次のように記されている（資料の引用に際して旧字は新字に改め、適宜句読点を付した。以下、引用は同じ）[20]。

伊東而后、名は榮、暮雪亭と号す、俗称は銭屋道喜、初喜兵衛名古屋益屋町今西区茶屋町一丁目の売人なり、俳諧を大鶴庵竹有に学び、沙鷗に次ぎて名を四方に馳す、慶応元年十一月九日没す享年八十一、光明寺中区白川町に葬る、而后発句集あり、世に行はる、子一清も亦俳を嗜む。

【図１】而后肖像（左から２番目の人物）
（名古屋市博物館所蔵『俳諧画像鶯谿百人集』）

右によれば、而后は暮雪亭を名乗り、俗称を銭屋道喜といったという。家は名古屋市西区茶屋町（現在の港区茶屋）にあった商家で、慶応元年十一月九日に亡くなった。没後は中区白川町の光明寺に葬られたという。俳諧は井上士朗門の大鶴庵竹有（竹内塊翁）に就いて学び、森本沙鷗に次いで名を全国に馳せた人物とされる。事実、近世後期に出版された番付には、上位に而后の名が見え[21]、当時にあってはそれなりに有名な人物であったことが分かる。著作には、後述する『而后発句集』などがある。すなわち而后は、士朗―塊翁―而后という門流に位置付き、近世後期の尾張俳壇にあって森本沙鷗[22]とともに全国に名を馳せた人物であったことがうかがえる。

続いて、而后の著作についてみていく。国書データベースによると、而后が制作に関わっている俳諧関係資料は計二十七点ある。このうち『尾三古俳書解題』[23]に載る『あゆちの水』は弘化二年（一八四五）から嘉永二年（一八四九）にかけて制作された。『尾三古俳書解題』によれば、同書は半紙本一冊の四季発句集で、万巻堂久八郎の手によって出版されたものという。[24]内容は、弘化二年（一八四五）は而后、一清、梅裡、李曠の四人、弘化三年（一八四六）秋は而后と梅裡、弘化四年（一八四七）春は而后と一清、弘化四年夏は而后、梅裡、李曠の三人、嘉永二年（一八四九）春は李曠、而后、梅裡、旭嶂の四人、嘉永二年夏は而后と李曠、而后と一清、而后と梅裡、嘉永三年（一八五〇）冬は而后、鳥津、李曠の三人、嘉永四年（一八五一）春は鳥津と梅裡、嘉永四年夏は李曠、梅裡、鳥津の三人、嘉永五年夏は而后、梅裡、金憔の三人による歌仙で構成されている。

その他にも、跋文を寄せた大鶴庵塊翁撰『文武具茶釜』（文政三年刊）や、沙鷗追善集にして而后自ら撰し序文も寄せた『こひし笛』（天保三年刊）など、天保期以降に尾張地域で制作された俳書のうち而后が制作に関わった作品は数多い。

ここで、近世中期から明治期の尾張俳壇についてもみておこう。よく知られているように、尾張俳壇は、近世日本における俳諧史において重要な存在である。とりわけ近世中期には、加藤暁台が蕪村ら同時代の俳人たちと交わりながら、[25]いわゆる蕉風復興運動[26]を推し進めるなど、「芭蕉流」俳諧[27]の普及に尽力した。暁台没後は、そのあとを受ける形で井上士朗が尾張俳壇を率いることになる。「暁台去りて後、暮雨巷の門人、皆士朗を報じて盟主とな」したというその存在感は大きく、「其風を慕ふ者東奥羽より、西豊肥に及ぶ」ほどであった。[28]士朗のもとには、近世後期の三河地域で実力を発揮した鶴田卓池をはじめ、[29]多くの門人が育った。再び『名古屋市史』を紐解けば、「俳諧」の項に挙げられた六十六名のうち、士朗に就いて学んだという人物は九名に及ぶ。その中に而后の師である竹有（塊翁）もいた。竹有（塊翁）は、『名古屋市史』によれば知多郡草木村の人。士朗に俳諧を習ったあとは名古屋の桑名町に住んで「俳諧の点者を業」としていたとあり、[30]俳諧の善し悪しを判別して点料を得ることを生業としていたようである。竹有も多くの門人を育て、西川芝石や大熊兎農、村木虎有や永井士前（永井荷風の祖父）などが出た（芝石については後述）。

以上のように、近世中期以降の尾張俳壇は、「芭蕉流」俳諧の展開を考える上で重要視すべき存在であった。そしてその影響力は、明治期に至っても保持された。

そのことは、例えば松浦羽洲という人物に着目するとわかる。明治期の俳諧「旧派」の略歴などを記した『明治俳豪之俤』[31]という書物を繙くと、多くの「旧派」俳人たちが羽洲に就いて俳諧をならったと述べられており、その存在の大きさを感じさせる。その羽洲については、『明治俳豪之俤』で次のように記されている。[32]

羽洲は名古屋市東魚町の商家に生れ、幼より風雅に親しみ、十五歳にして俳諧を帯月庵芝石（此人士朗門也）の門に学ぶ、石没後、暮雪庵而后に従ひ、なお三河卓池門人なる可大蒼山と親しむ、維新後、出雲北川、三河蓬宇、尾張羽洲と三つの指に算へられしに、二老遠逝、尚今其一人残つて八十五齢となる、又た若年より謡曲を好み十六歳にして観世太夫清長の門に入り、清孝、清廉と今三代にわたり、老いて名古屋観世会を組織し、茶事は松尾流を遊びて其寂を楽しむ。

右によれば、羽洲は帯月庵（西川）芝石と、芝石没後は暮雪庵而后について俳諧を学び、鶴田卓池門の栗本可大

（陸奥福島の人）と長島蒼山（後述）と交わった。こうして俳人として成長した羽洲は、明治期には出雲の北川（不詳）[33]と三河の蓬宇[34]と並んで「三つの指に算」えられるほどに名を馳せたという。すなわち羽洲は、近世後期の尾張俳壇において俳諧に親しみ、明治期には俳諧「旧派」の大物として認知されていたことが分かる。その存在感の大きさは、当時の多くの宗匠たちが彼に師事したことからもうかがえる。これらのことから、羽洲の存在は、明治期の俳諧史を考える際には無視しえないものであり、羽洲の歴史的位置を検討するためには彼が影響を受けた近世後期の尾張俳壇の内実を詳らかにすることが急務である。そして、それはすなわち、近世・近代転換期日本における尾張俳壇の歴史的位置を検討する必要があることも同時に意味する。本稿において、而后の基礎的考察を試みる所以である。

以上の観点に基づき、次節以降では而后が制作した俳書を繙いてみたい。

二　『而后発句集』の検討

本節および次節では、而后が制作に関わった二つの俳書を分析対象として取り上げてみたい。具体的には、本節では『而后発句集』を、次節では『農談集』を扱う。

はじめに、本節で扱う『而后発句集』の基礎情報を確認しておこう。同書は半紙本一冊、丁数は序文一丁と本文三四丁の合計三五丁である。『俳諧大辞典』によれば、同書は而后生前自選の句集であるという[35]。大森小禅による序文があり、そこには「而后叟之此著、俳諧之清致、句々澹白、有欣浄理、廼知叟之好吟咏也、蓋有意于此歟。因録斯語以問之」と記されている。奥付には「嘉永六年癸丑九月／名古屋益屋町／伊藤氏蔵板」とあることから、同書が嘉永六年（一八四八）九月に而后の手によって制作されたものであることが分かる。国書データベースで検索すると、二〇二五年二月時点で同名の書は天理大学附属天理図書館所蔵綿屋文庫本や石川県立図書館所蔵月明文庫本など、計十五点存在することが確認できる。

本書は「巻之壱」から「巻之四」で構成され、一から三までは春・夏・秋の各部が、四は冬と雑の部が収まる。具体的には、春は歳旦・萬歳・梅・鶯・柳・霞・春雨などを詠んだ句が並び、夏は更衣・時鳥・若紫・蚊帳・五月雨・田植・蛍などが並ぶ。つづく秋は初秋に始まり、秋風・萩・月・稲・案山子・栗・菊などが挙がる。冬は、時雨・凩・落葉・小麦・水仙・冬籠・歳暮などが挙がる（雑については後述）。

右に示した他には、旅先で詠んだ句も掲載されている。例えば春では、「尾山月の瀬に遊ひて」として「山里や梅の案内のこし扇」ほか二句を詠んでいる。また、矢作川に関する句は春と秋の二季にわたっており、春では「矢矧の川上越戸といふ所にて」として「汁の実も植す村中うめの花」を含む三句が、秋は「矢矧川に遊ひて」として「薄雲や水から先へすむ月夜」を含む六句がそれぞれ掲載されている。

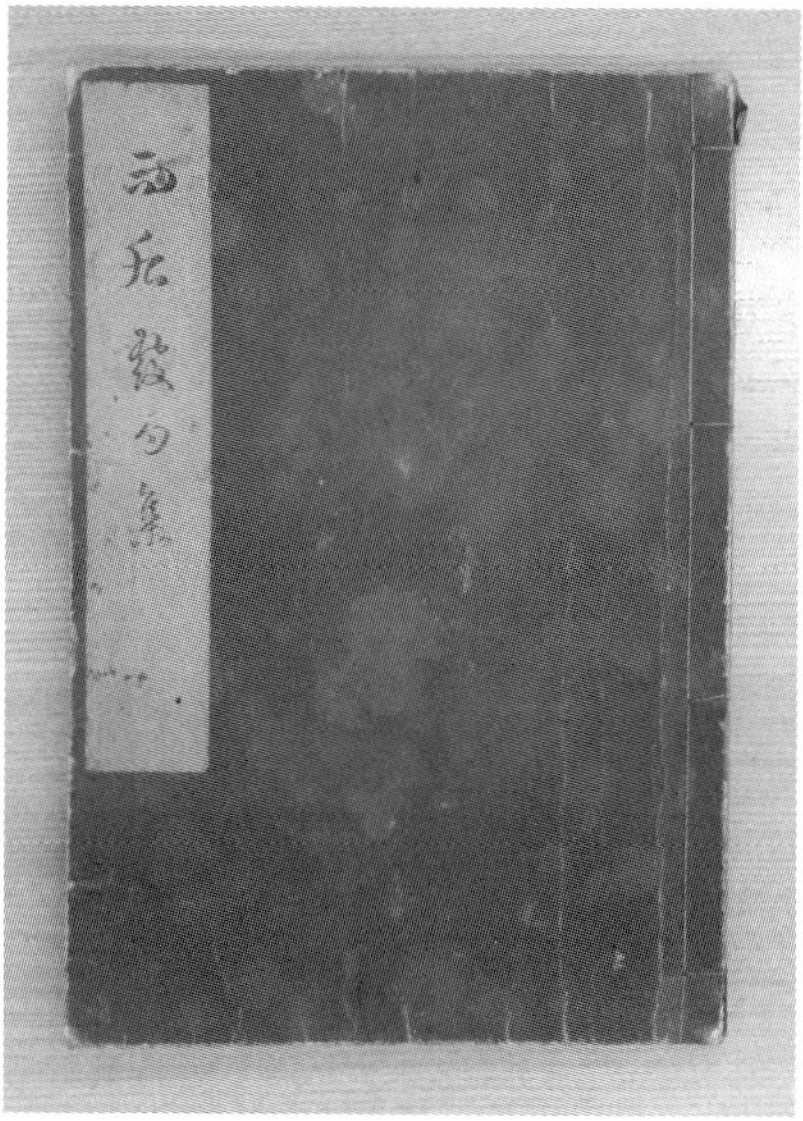

【図２】『而后発句集』表紙

また、旅は尾張周辺にとどまらず、京や吉野など比較的遠方まで足を伸ばしていたようである。「芳埜」すなわち吉野に旅した際には、「南帝陵」や「楠正行五百回忌」など、南朝方ゆかりの人物に関わる句を詠んでいる。

南帝陵

雫降音や花にも敷木の葉

楠正行五百回忌

いさましや花にたゆまぬ梓弓

前者については、南帝陵、すなわち後醍醐天皇陵を前にして、念願だった帰京を果たせず無念の死を遂げた後醍醐天皇を哀れむ思いを「雫」と「花」に託し表現する。後者は、楠木正成の嫡男にして父とともに南朝方について戦い、若くして戦死した楠木正行（？―一三四八）を偲ぶ気持ちを詠んでいることが分かる。正行が戦死したのは正平三年（貞和四、一三四八）のことであり、単純計算で五百回忌法要が行われたとすれば嘉永元年（一八四八）ということになるが、而后はその法要に立ち会ったのであろうか。その年の前後を含め、正行の追善法要が具体的にどの様に営まれたかは定かでない。

本書で注目すべきは、随所に素朴な句を詠む而后の姿が垣間見える点である。例えば秋の部に見られる次の句である。

新酒

関の孫六の子孫酒造になりて今に到れり

きれ味の引くちにある新酒哉

「関の孫六」とは、室町時代後期に美濃国の関で活躍した有名な刀鍛冶である孫六兼元であると思われるが、その子孫が酒造家となって今に至るとして、その思いを句に詠んだのであろう。あるいは、実際にその酒を飲んだのかもしれない。果たしてその味は、孫六の包丁よろしく「きれ味」のよいものだったのであろうか。

さらに興味深いのは、而后の芭蕉に対する意識と、いわゆる蕉風観がうかがえる点である。「雑」として収められた次の文章を見てほしい。

たか像とも誰筆ともわかぬ一軸あり、時にとりては利休居士はせを翁あるは西上人とも拝まれ給ふはいとたふと

し
　なすやうになか〳〵います仏かな

誰の像かも、誰の筆によるものかも分からない一本の掛け軸がある。その絵は、時に「利休居士」、別のある時は「ばせを翁」、そしてまた別の時には「西上人」の様に拝むことができ、非常に尊い――。そう言って而后は、三人の「仏」との対面を有り難がるのである。ここからは而后の、利休・芭蕉・西行の三人を「仏」として位置づけ、彼らを意識する姿を読み取ることが出来る。

芭蕉との関わりについては、他の俳書からもうかがえる。天保十四年（一八四三）に制作された『芭蕉翁百五十回忌』は、天保十四年十月十二日に東輪寺で執行された芭蕉追善百韻をまとめたものであるが、而后は芝石らとともにこの句会の催主を務めている[36]。また安政元年（一八五四）に出版された『あら小田集』は、尾張国松名の俳人佐野学圃の家を出て東路へ向かうのを記念して制作された餞別記念連句発句集であるが、而后が寄せた序文で「世を旅に代かく小田の行もどりとは祖翁みづからの境界を耕す業によそへてのべ給へるなるべし」と述べて、芭蕉の生き方（境地）を農業に例えて解釈している[37]。これらのことから考えるに、而后もいわゆる蕉風の享受者として俳諧を嗜んでいたといえよう。

三　『農談集』の検討

本節では、安政四年（一八五七）に出版された『農談集』の検討を試みる。
はじめに書誌を確認しておこう。同書は、『而后発句集』と同じく半紙本一冊で、丁数は序文一丁と本文二六丁の計二七丁。国書データベースで検索すると、愛知教育大学附属図書館所蔵本と愛知県新城市の新城図書館（ふるさと情報館）にある牧野文庫本の二件が知られており、ウェブ上で画像も公開されている。

内容は、而后による序文に始まり、その後春・夏・秋・冬の四部にわけて発句と歌仙がそれぞれ記載されている。而后による序文は次の通りである。

農談集序

ある農夫の子孫にしめしていはく、馬に瘦馬なし田に悪田なし、かひやう作りやうニあるなりと、故黄山老人この意をよく得て三楓不退の両子を手とり足とりとりたてられて、いまはよき田処となりていひいつることの実入よく、かつ千里にはしらむうまをこゝろ見むと国々の発句をさへかりあつめて一冊子となせるハ、骨を惜まぬはたらきならすや

丁巳春　而后

右の序文からは、次のことがうかがえる。すなわち、ある農夫が子孫に伝えた農業の心得があった。それを「故黄山老人」がよく心得て、弟子の三楓と不退を丹念に育て立派にした。そればかりでなく、千里を駆ける名馬の故事に準えて、三楓・不退の作品のみならず国々の秀逸な発句までも集めて一つの冊子を作ったことは、まこと骨の折れる働きではないか——。こう述べて、而后は「故黄山老人」の営みに賛辞を送っていることが分かる。史料中に出てくる「故黄山老人」とは、尾張藩士にして近世後期の尾張俳壇で名を馳せた吉原黄山（?—一八五五）[38]を指すと思われる。黄山は而后の古稀記念句集『春のひかり』（安政元年刊、中京大学図書館所蔵）にも句を寄せており、而后とは俳諧を通じた交流があった。

末尾には「帯月庵指石書」とある。帯月庵指石とは、近世後期の尾張地域で流行していた狂俳で名を馳せていた西

川芝石のことと思われる。芝石も而后と同じく、尾張名古屋出身の俳人である。芝石については、冨田和子による精緻な研究がある。冨田によれば、芝石の生年は不明だが、名古屋市中川区にある龍潭寺の墓石によって嘉永元年（一八四八）三月に没しているという。[39] 俳諧は井上士朗に就いてならい、弟子には先述した松浦羽洲のほか、大木静処などがいた。冨田の言葉を借りれば、芝石は「文政頃から名古屋の士朗系の俳壇で活躍し、知名度も高く、正風中後期の俳人樗良が行った伊勢笠付の流れを自覚して、独特の連句的な付合感覚を尊重した俳人」であり、尾張における狂俳の流行に彼が果たした役割は大きいという。[40]

ここからは、具体的に各部の内容を見ていく。ここで特に注目したいのは、而后が全国的に有していたネットワークの広さである。

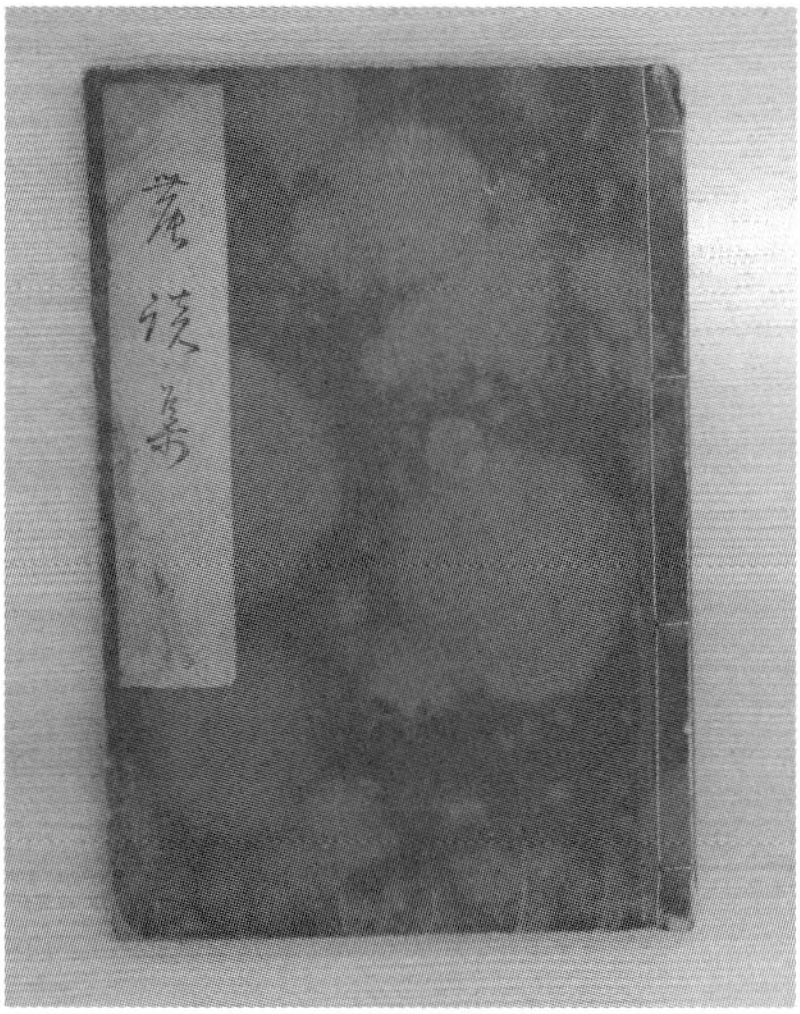

【図３】『農談集』表紙

「春之部」は、花の本第九世にして成田蒼虬門の堤梅通[41]の句「見処のおもひ〳〵やはつ暦」に始まり、吟風ほか計六十人の句と、而后・三楓、而后の息子で先述の『春のひかり』を制作した一清の三者による歌仙一巻から構成される。発句のうち特筆すべきは、蓬宇や士前[42]といった尾張・三河地域の有力俳人に加え、鳥越等栽や道山壮山の名前が見えることである。等栽（一八〇五—一八九〇）は大阪の人で、俳諧を八千坊に学び佳峰園と号す。のち江戸に移り、北新川に庵を結んで幕末から明治にかけて江戸三大家の一人に数えられた人物である。編著には『潮のはな』『松しま象潟』『笈祝』『合歓集』『ひとよさけ』などがある。[43] もう一人の壮山（一八三二—一九〇〇）は福島・須賀川の人。通称を三次郎といい、別号に栗の本や芳秋軒などがあった。東北地方に杖を引く者でここの門を叩かない人はいないといわれ、正岡子規も同氏を訪ねている。(44)著作には、芭蕉二百回忌を記念して亜欧堂田善による画とともに須賀川俳壇の歴史をまとめた『早苗のみけ』（半紙本一冊、明治二十六年刊）をはじめ、『柱石集』『亀齢集』『雪みくら』などがある。(45)

「夏之部」は、而后「みしか夜や何も思ハすひと寝入」の句に始まり、計五十八人の句と、不退・三楓・而后の三者による歌仙一巻で構成される。この部で特筆すべきは、先述した芝石や、三河・蒲郡出身の永島拾山(46)など、「春之部」に続いて尾張・三河の有力俳人の名が見えること、そして為山と清民の名前が見えることである。為山（一八〇四—一八七八）は江戸の人で、近世後期から明治初期にかけて活躍した俳諧師である。本名は関永蔵といい、梅室に俳諧を習う。明治六年（一八七三）には俳諧教導職に任じられ、翌七年には俳諧教林盟社の初代社長を務めた。編著には『今人五百題』（天保十二年刊）のほか、師である梅室追福のために作られた『枯菊集』（嘉永六年刊）に収められた梅室の年譜などがある。清民（一七九三—一八六七）は陸奥国須賀川の人で、本名は山辺頼之という。別号に観山居や是非庵があり、同地の女性俳人である市川多代女に就いて俳諧を学ぶ。編著には、後述する黙池が安政五年に須賀川来遊を記念して編んだ『栗の飯集』がある。(47)なお、先述した壮山は清民の弟子である。

「秋之部」は、芹舎「ちる風のなしと落るか桐一葉」の句に始まり、計六十六人の句と、梅裡・不退・三楓・我竟の四者による歌仙一巻で構成される。この部で特筆すべきは、芹舎と黙池の名前が見えることである。芹舎（一八〇五—一八九〇）は京の人で、成田蒼虬門。花の本七世を務め、幕末から明治期にかけて大きな勢力を誇った。編著には『泮水園句集』（半紙本二冊、元治元年刊）ほか、選集『西園集初篇』（慶応元年刊）などがある。(48)黙池（?—一八八一）も京の人。通称を与兵衛・徳三郎といい、別号に古終舎や守株軒などがある。芹舎と同じく成田蒼虬の門人。編著には、『俳諧一葉集』につぐ芭蕉全集である『俳諧袖珍本』（嘉永四年刊ほか）や『まくら瓜』（嘉永七年刊）、『くりめし集』などがある。[49]

「冬之部」は、梅裡「水底の影まきらハしうく落葉」の句に始まり、計五十一人の句と、李曠・傾尚・不退・三楓の四者による歌仙一巻で構成される。この部で特筆すべきは、春湖の名前が見えることである。春湖（一八一五―一八八六）は、甲斐国の人。通称を幸蔵といい、別号に一笑や小築庵などがある。はじめ嵐外に就き、のち梅室門となる。安政初年に江戸に出て禾木門に入り、等裁や為山とともに江戸三大家と称された人物である。編著には、同じく梅室門の俳人で出羽国出身の摩訶庵（長島）蒼山（一八三〇―一八七八）と西国を旅した際に詠んだ句をまとめた紀行文『雲鳥日記』（安政三年刊）や、『芭蕉翁古池真伝』（慶応四年刊）などがある。[50]明治期には、先述した為山とともに俳諧教導職として俳諧による民衆教化につとめるかたわら、俳諧教林盟社の二代社長を務め、俳諧「旧派」の大物として存在感を示した。[51]ちなみに、明治・大正期の遠州地域にあって地域の「近代」化に力を尽くし、報徳思想を伝播させるために俳諧を用いた松島十湖は、春湖の弟子である。[52]

右に挙げた俳人の名は、主に近世後期から明治期に各地で活躍していた人びとであるが、これだけでも編者である而后が広範なネットワークを有していたことが分かる。具体的に言えば、為山・等裁・春湖という俗にいう「幕末の江戸三大家」の三名や、花の本宗匠を務めるほどの力量を備えていた梅通や芹舎などの中央で活躍していた俳人とのつながりを有していた点は注目すべきである。加えて、三河国の永島拾山や遠江国の西島烏谷など近隣の地域における俳人たちや、[53]芭蕉ゆかりの地である陸奥国須賀川の俳人たち、具体的には山辺清民や道山壮山との関係性がみられるなど、[54]近世日本の地方にあって俳諧が盛んに行われていた諸地域の俳人たちともつながっていたことが分かった。すなわち而后は、近世後期の尾張地域を拠点としながら、全国的なネットワークを有して俳諧活動に勤しんでいた人物であったと捉えることが出来るのである。

むすびにかえて

本稿では、近世後期の尾張俳壇にあって俳諧を嗜んでいた伊藤而后に着目しながら、俳諧史における而后の位置を検討してきた。具体的には、『而后発句集』と『農談集』という二つの俳書を手がかりとしながら、而后の俳諧実践の一端を浮き上がらせることを試みた。結果として、而后はいわゆる蕉風の俳人であり、尾張のみならず全国各地の俳人と交友を重ねながら俳諧を嗜む主体であったことが詳らかとなった。同時代におけるその存在の大きさは、名古屋市博物館所蔵の『俳諧画像鶯谿百人集』に、梅通や芹舎、多代女ら、近世後期の俳諧史を語るうえで欠くことの出来ない俳人たちと同じ頁に而后の肖像と句が収められていることに明らかである（前掲【図1】）。今後は、改めて而后が序・跋を寄せた俳書や入句した俳書、類題句集への入句の有無などを網羅的に検討し、俳人伊藤而后をめぐる歴史像を丹念に掘り起こしていくことが求められよう。

かつて松井利彦は、近代の東海俳句史を叙述し、子規以前の尾張地域の動向を述べる中で久野孺鶴の存在に触れ、彼をして「尾張旧派ともいうべき士朗系の俳人」と評価している。(55) この評価自体に異論はない。ただ、士朗以降の俳系は松井が述べる一本線、すなわち士朗―塊翁―士前―孺鶴だけに終始しない可能性が存在することは、これまでの叙述において明らかであろう。すなわち、士朗―塊翁―芝石・而后―羽洲という系譜が存在する可能性である。今後は、今回触れられなかった而后に関する様々な資料を手がかりとして而后の俳諧実践をより深部から掘り起こしながら、孺鶴以外の「尾張旧派」、具体的には松浦羽洲たちの歴史化を試みていく必要がある。

名古屋の俳諧「旧派」をめぐる研究において、やらなければならないことは、まだまだ多い。

注

（1）越後敬子「明治期旧派類題句集概観」（国文学研究資料館編『明治開化期と文学』臨川書店、一九九八年）。
（2）越後敬子「明治の類題句集―旧派と新派を比較して―」（『国文学研究資料館紀要』二四号、一九九七年）。
（3）越後敬子「明治前期俳壇の一様相―幹雄の動向を中心として―」（『連歌俳諧研究』八七号、一九九四年）、同「明治俳壇の一様相」（『實踐國文学』四八号、一九九五年）。
（4）青木亮人「「祖翁」を称えよ、教導職：明治の俳諧結社・明倫講社と『田中千弥日記』について」（『同志社国文学』七一号、二〇〇九年）、同「「道」と「文学」―明治の「庶民教化」と子規の俳句革新について」（『国語と国文学』八七巻六号、二〇一〇年）。
（5）越後敬子「其角堂永機の俳諧活動：明治期編」（『實踐國文学』八〇号、二〇一一年）など。
（6）秋尾敏『俳句の底力　下総俳壇に見る俳句の実相』（東京四季出版、二〇一七年）、同「橘田春湖の研究：国学・伊勢派という視点から」（『短詩文化研究』八号、二〇二三年）など。
（7）加藤定彦「国風社分課の顛末―白鱗舎拾山資料から―」（『連歌俳諧研究』一三〇号、二〇一六年）など。
（8）拙稿ａ「明治俳諧史における松島十湖」（『文化科学研究』三三巻、二〇二一年）、同ｂ「摩訶庵蒼山追善句集『しら露集』にみる明治期「旧派」の位相：俳諧と「教化」の関係に着目して」（『連歌俳諧研究』一四四号、二〇二三年）など。
（9）注（6）前掲秋尾論文。
（10）加藤定彦・倉島利仁編著『柿園嵐牛俳諧資料集』（嵐牛俳諧資料館、二〇一八年）、加藤定彦『柿園嵐牛とその仲間たち』（新葉館出版、二〇二四年）。
（11）さるみの会編『東海の俳諧史』（泰文堂、一九六九年）。
（12）服部直子『尾張俳壇攷：近世前期俳諧史の一側面』（清文堂出版、二〇〇六年）。

（13）冨田和子『尾張狂俳の研究』（勉誠出版、二〇〇八年）。

（14）『俳文学大辞典』（角川書店、一九九五年）、六〇三頁。

（15）濡鶴は楓園と号し、横須賀・加木屋の出身。嘉永元年（一八四八）―昭和七年（一九三二）。本名は理市、通称は増右衛門。永井士前門。濡鶴については、市橋鐸・服部徳太郎編『中京俳人考説』（名古屋市教育委員会、一九七七年）、鈴木俊幸「俳書出版の明治―久野濡鶴摺物所中野屋大助」（『文学部紀要　言語・文学・文化』一二三、二〇一九年）を参照。

（16）俳諧作者。弘化元年（一八四四）―大正九年（一九二〇）。本名は松井吉剛。通称は紋之丞で別号は亀慕亭。父は尾張藩士の俳家雨白。吉原酔雨門。扶桑新聞記者で文芸欄を担当（注（14）前掲『俳文学大辞典』、一四七頁）。

（17）注（14）前掲『俳文学大辞典』、六〇三頁。

（18）『復刻版　名古屋市史　人物編二』（愛知県郷土資料刊行会、一九八〇年）。

（19）注（15）前掲鈴木論文。

（20）注（18）前掲『復刻版　名古屋市史　人物編二』、四一〇頁。

（21）『正風俳人鑑』（弘化四年刊、石水博物館所蔵）では最上段に「尾張／而后」とあるほか、『正風俳諧鑑』（東京大学洒竹文庫所蔵）には「尾張住／七段／而后」、『諸国正風俳諧高名鑑』（東京大学洒竹文庫所蔵）では「地之部」に「江州／ジコウ／而后」とある。さらに『正風現存名家鑑』（文久二年刊、林英夫・芳賀登編『番付集成』柏書房、一九七三年、十二頁）では、梅通や芹舎、多代女とともに行司欄に「尾張／而后」の名前が確認できる。これらのことから、而后が同時代にあって高名な存在として認識されていたことが分かる。なお、石水博物館所蔵資料に而后の名があることは、早川由美氏よりご教示を得た。記して感謝する。

（22）俳諧作者。天明三年（一七八三）―天保十四年（一八四三）。本名は森本寛。通称、井桁屋治右衛門。別号、帯川居。尾張国名古屋戸田町の酒造業。町代を務める趣味人。士朗門、のち塊翁門。編著に『鳥山日記』『こひし笛』『文化五歌仙』などがある（注（14）前掲『俳文学大辞典』、三二九頁）。

（23）『尾三古俳書解題』（さるみの会編集・発行、一九八二年）。

（24）注（23）前掲『尾三古俳書解題』、二二一頁。
（25）この点については名古屋市博物館編『尾張の俳諧』（名古屋市博物館資料図版目録3、二〇〇一年）。同館には、蕪村が暁台と士朗に宛てて認めた絵入の書状が遺されており、蕉風復興運動の中核を担った三人の交流の様子がうかがえる。
（26）蕉風復興運動については田中道雄『蕉風復興運動と蕪村』（岩波書店、二〇〇〇年）。
（27）「芭蕉流」俳諧については中森康之「「蕉風」の眩暈―「芭蕉流」という視点から見えるもの」（佐藤勝明・中森康之編『日本文学研究ジャーナル』一八号、二〇二一年）。
（28）注（18）前掲『復刻版　名古屋市史　人物編二』、三九六頁。
（29）鶴田卓池については、大磯義雄『青々卓池と三河俳壇』（名著出版、一九八九年）ならびに岡崎市美術博物館編『鶴田卓池と三河の俳諧』（岡崎市美術博物館、二〇一九年）。
（30）注（18）前掲『復刻版　名古屋市史　人物編二』、四〇二頁。
（31）松村裕一編『明治俳豪之俤』（霞吟場、一九一二年）。
（32）注（31）前掲『明治俳豪之俤』、十三―十四頁。
（33）出雲・松江の骨董屋、山内曲川（一八一七―一九〇三）のことか。
（34）俳諧師。文化六年（一八〇九）―明治二十八年（一八九五）。佐野氏。通称は万屋権右衛門で、別号は呉井園。卓池門。三河国吉田の饅頭屋。幕末から明治にかけて活躍し、その名は諸国に知られた。著作に『蓬宇連句帳』など。（注（11）前掲『東海の俳諧史』、三〇二―三〇三頁）。
（35）伊地知鐵男ほか編『俳諧大辞典』（明治書院、一九五七年）、二八八頁。
（36）注（23）前掲『尾三古俳書解題』、二二一頁。
（37）注（23）前掲『尾三古俳書解題』、二三一頁。
（38）本名は光仲、通称は五左衛門。井上士朗に俳諧をならう。弓箭為丸と号して狂歌も嗜んでいた（注（18）前掲『復刻版　名古屋市史　人物編二』、四〇七―四〇八頁）。

(39) 注（13）前掲冨田著書、一二〇頁。
(40) 注（13）前掲冨田著書、一一九頁。
(41) 俳諧師。寛政九年（一七九七）―元治元年（一八六四）。本名は堤克昌。通称は六兵衛で別号は麦慰舎。成田蒼虬門にして花の本九世。編著に俳論『舎利風語』、句集『麦慰舎梅通句集』など（注（35）前掲『俳諧大辞典』、七二六頁）。
(42) 俳諧作者。文化五年（一八〇八）―明治十一年（一八七八）。本名は永井匡儀。通称は松右衛門。別号は金麟舎・一撮園。尾張国荒井村の豪農で、鳴海俳壇の指導者。塊翁門。編著に『春の霜』『初しぐれ』。
(43) 髙木蒼梧『俳諧人名辞典』（明治書院、一九六〇年）、五六一頁。
(44) 正岡子規「はて知らずの記」（『獺祭書屋俳話』増補三版、弘文館、一九〇二年）、二〇三頁。
(45) 髙木蒼梧『俳諧人名辞典』（明治書院、一九六〇年）、五五二頁。
(46) 拾山については注（7）前掲加藤論文を参照のこと。
(47) 注（35）前掲『俳諧大辞典』、四六一頁。
(48) 注（35）前掲『俳諧大辞典』、二三七頁。
(49) 注（35）前掲『俳諧大辞典』、九〇五頁。
(50) 注（35）前掲『俳諧大辞典』、三九五頁。
(51) 春湖については注（6）前掲秋尾論文を参照のこと。
(52) 松島十湖については注（8）前掲拙稿a、および拙稿「「地域文化史」の視点から考える現代日本学―俳諧の「旧派」の文化的実践を手がかりに―」（伴野文亮・茂木謙之介編『日本学の教科書』文学通信、二〇二二年）。
(53) 今回分析した資料には出てこなかったが、而后が関わりをもっていた地方の俳人に、遠州の掛川地域で柿園社中を率いていた伊藤嵐牛（一七九八―一八七六）がいる。注（10）前掲『柿園嵐牛俳諧資料集』を読むと、文久元年（一八六一）酉十一月に制作された俳書『あられ灰』に収録された諸家発句中に而后の句「鴉にも鳩にもうとし梅の花」が含まれており（一九五頁）、俳諧を通じた交流があったことが分かる。さらに、嵐牛晩年の日記である『柿園日記』の元治二年（一八六五）

乙丑元日条に「ナゴヤ行脚、而后来訪。信濃より秋葉越に来れりといふ」という記述がみられることから（二五五―二五六頁）、元治二年の元日に而后本人が信濃から秋葉道を通って嵐牛の許を訪れていたことが分かり、両者が文字通り顔見知りの関係だったことが分かる。

(54)　須賀川市立博物館所蔵の「俳諧摺」には、弘化元年（一八四四）に制作された「参宮記念摺」（伊勢参りの記念摺物）に収められた句「持て出た手燭に照やふゆの月」など、複数の資料に而后の名と句を確認することができる。須賀川市立博物館編集・発行『俳諧摺　上』（須賀川市立博物館調査研究報告書第九集、一九九八年）参照。

(55)　松井利彦「近代東海俳句史」（注（11）前掲『東海の俳諧史』）、三〇九頁。

第三部　古文書室所蔵古文書

『敬公遺事』から探る尾張徳川家初代・義直の思想像

小川和也

はじめに

本稿で取り上げる中京大学所蔵史料は『敬公遺事《けいこういじ》』である（以下、中京本）。『敬公遺事』は尾張徳川家初代藩主・徳川義直の思想像を刷新する好個の史料である。【図版1】【図版2】（一二九頁）

『敬公遺事』は未刊で写本である。中京本のほかに、東京大学所蔵のものに嘉永七年写本と栗田元次所蔵本の転写本、名古屋大学岡谷文庫所蔵写本（以下、名大本）、蓬左文庫所蔵の「幕末」写本（以下、蓬左本）、鶴舞図書館所蔵写本などがある。

名大本は「徳川内大臣淳和奨学両院別当家康公被掛禁裏紫宸殿《きんりししんでんにかけらる》大条図標準事」という記録と合冊である。書写者は、岡谷真倖。岡谷文庫の真倖書写本は、他に、天保八年の『演釣股圖《えんちょうこず》』、天保十年の『筭法記《さんぽうき》』、天保十三年の『槀叢《そうこう》』がある（年代はいずれも書写年）。四点とも「真照文庫」の蔵書印がある。岡谷文庫は岡谷正男氏から寄贈された約四千冊から成る。岡谷家は代々、名古屋城下鉄砲町において、笹屋という屋号で金物商を営んでいた。近代になると岡谷鋼機を設立し、現在に至る。

名大本は、蓬左本・中京本と比べると、異なる点が多い。まず、著者の前書がない。それだけではなく、本文でごっそり抜けている部分があり、また箇条書きの記事の順番が前後している。最後半部分もない。真俸書写の他の三点は、裏表紙に書写年と真俸の署名があるが、名大本の裏表紙にはそれがなく、最後の丁の末尾に「岡谷真俸写」と署名のみがある。これらから、名大本は未完成の草稿段階の写本ではないかと推測される。

次に蓬左本と中京本を比較してみよう。蓬左本はタテ二七四ミリ×ヨコ一八四ミリ。六五丁。中京本は、タテ二六六ミリ×ヨコ一八七ミリ。九三丁。大きな違いは、二点である。

①蓬左本は四三丁で改丁されて、さらに「敬公遺事附録」とタイトルをつけた中扉を一丁挟んでいる。その後、「天野信景塩尻ニ云……」と『塩尻』からの引用が始まる。中京本も五九丁で改丁され蓬左本同様『塩尻』を引用するが、「敬公遺事附録」の中扉一丁がない。

②両書とも著者の前書がある。加えて中京本には書写者の奥書がある。

蓬左本中扉「敬公遺事附録」より前は、義直の伝記として年代順の記述になっている。一方「敬公遺事附録」の部分は、流通している書物からの抜き書き集になっている。出典は『塩尻』のほか、『集義外書』『木枕』『君臣言行録』『張州府志』『武野燭談《しょくだん》』などである。

蓬左本は「幕末」写本とされているが、書写年はさらに遡り、それだけではなく原本の可能性がある。だが、蓬左本中扉の直前「水戸義公」による「源敬公誄并序」の部分に疑念が残る。「誄《るい》」とは哀悼の念をこめて、死者を慕い、生前の功徳を述べることである。つまりは「水戸義公」光圀による義直追悼文である。蓬左本はこの追悼文に三箇所書き漏らしがあり、加筆訂正している。中京本には訂正がない。それだけではない。蓬左本には訓点があり、中京本にはない。両書とも句点があるが、その位置に異なる箇所があり、中京本のほうが正確である。さらに【図版3】（一三三頁）のように、中京本では「源敬公誄并序」のみ罫線のある紙を使用しているが蓬左本には罫線の紙は使用さ

【図版１】『敬公遺事』表紙

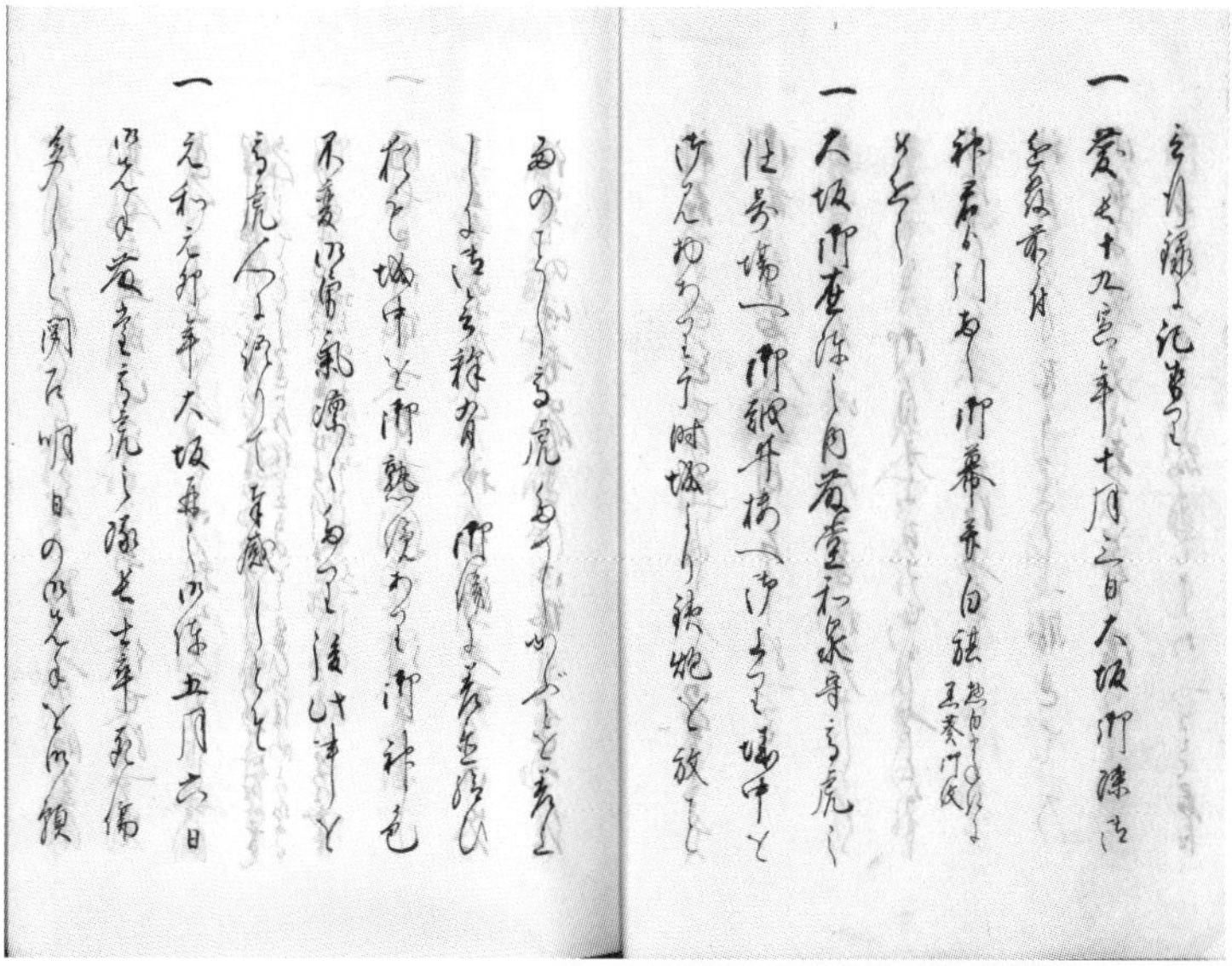

【図版２】『敬公遺事』大坂の陣の記事

れていない。蓬左本が原本とすると、これらの相違点の説明がつかない。蓬左本は原本ではない可能性が残る。

さて、著者の前書と書写者の奥書から、中京本の成立事情を探りたい。

著者は、尾張藩士・田宮半兵衛である。

半兵衛の諱《いみな》は翼。用人と町奉行を兼帯した。特に町奉行としては、東照宮祭礼を指揮するなど、「名奉行」として知られている。歴史小説にも登場し、城下町名古屋をテーマとした西山ガラシャ氏の『おから猫』（集英社文庫、二〇二四年）の「からくり山車と町奉行」の主人公である。藩の重要な東照宮祭礼で火災が起こるや、半兵衛は独断で祭礼を中止し、見物客らの命を救うという勇姿が描かれている。西山氏によれば、この事件は、文化八年（一八二五）に実際に起こったもので、猿猴庵《えんこうあん》の『金明録』に基づいている。

半兵衛による前書は次のようである（以下、引用の傍線・傍点等は小川による）。

敬公御行状・御実録をはじめ、都而《すべて》官府の御記録を抄出する事ハ恐れあり、此書ハ只世ニ普《あまね》く伝る処の記録・野史より抄出して書集《かきあつめ》たれハ、誤多かるへし、されハ誤を人に伝えてハ、御徳を汚奉ることも有んかと、是を恐れ、亦官府の御記録をもて訂《てい》さんこともなりかた《難》けれハ、書集しまゝニて秘し置ぬ、

棒線部のように、『敬公遺事』は尾張藩の蔵書や記録ではなく、流布している書物や記録を書き集めた。波線部のように、脱稿したものの、誤りを正すため藩の記録と突き合わせたかったが、それができないので秘蔵しているという。しかし、すでに触れたように、半兵衛は商人である岡谷真俸に写本を許可していた。交流のあった人物には書写を許していたのであろう。この事実は、町奉行であった半兵衛に、岡谷家と交流があったことをうかがわせる。

中京本の場合は、どうだろうか。書写者の奥書によれば、その事情は次のとおりである。

敬公遺事一巻は田宮氏の俗称半兵衛諱翼、御用人にて町奉行兼、古希にして没書集、座右に秘し置れしを、予深く心得て写し置ぬ、冀《こいねがわく》は子孫

　我素意を勿軽《かろんずなかれ》と云、爾于時《ときに》天保四年癸巳初夏下浣《げかん》官餘之日　（稟寅印）

割注の部分に半兵衛が「古希にして没」とあるのに注目したい。これまで半兵衛の生年は不詳とされていたようであるが、割注から天保三年七十歳没とわかる。逆算すれば、生年は宝暦十三年（一七六三）であることが判明する。また、書写の動機は『敬公遺事』を子孫に伝えようとしたからであるという。とすれば、書写者は秘されていたはずの『敬公遺事』の存在を知り、のみならず内容を「深く心得て」よく知っていた、つまりは熟読していた人物ということになる。それは誰か？

半兵衛が亡くなったのは天保三年閏十一月。一方、書写が終わったのは翌年四月。「古希にして没」とあるので、半兵衛の死後、書写を開始したとも考えられるが、おそらくそうではないだろう。その理由は以下のとおりである。『敬公遺事』の成立年は、蓬左本の末尾にある。『敬公遺事』最後の記事は、家康が義直の幼名を五郎太丸とした所《ゆ》以《えん》である。城郭の大石を積み重ねるくさびを「五郎太石」という。幼名・五郎太丸はそれにちなんだものである。この記事のあと、本文末尾にこう書き添えられている。

　此説是まて所見なし、其の事の是非は知らず、天保三年二月見当りしゆへ記置《しるしおく》、

中京本には、「天保三年二月……」の部分がない。また、蓬左本には前書に「田宮半兵衛翼」の署名があるが、中京本にはない。それから、すでに触れたように「敬公遺事附録」の中扉一丁がない。これらを意図的に写さなかった理由は考えにくい、とすれば、書写したとき、それらはなかったのではないか。推理すると次のようになる。半兵衛は前書を記して一旦脱稿した。それを写本したのが中京本である。その後、半兵衛はさらに、前書に署名して、「敬公遺事附録」の中扉を挟み、前半と後半をわけ、「天保三年二月……」を書き加えた。この推理が正しいとすれば、中京本は半兵衛の生前に写し始めたと考えられる。

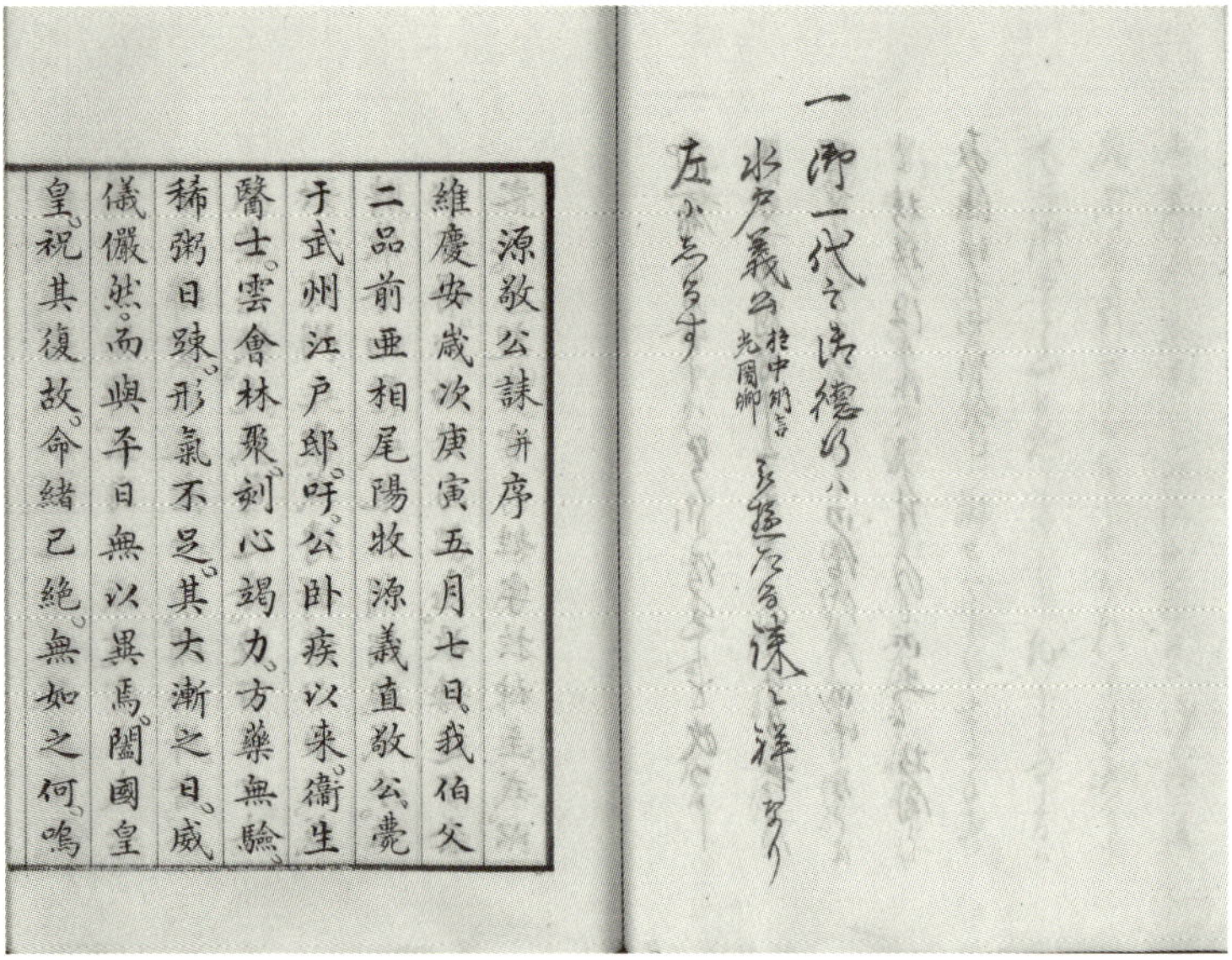

【図版 3】『敬公遺事』「源敬公誄并序」

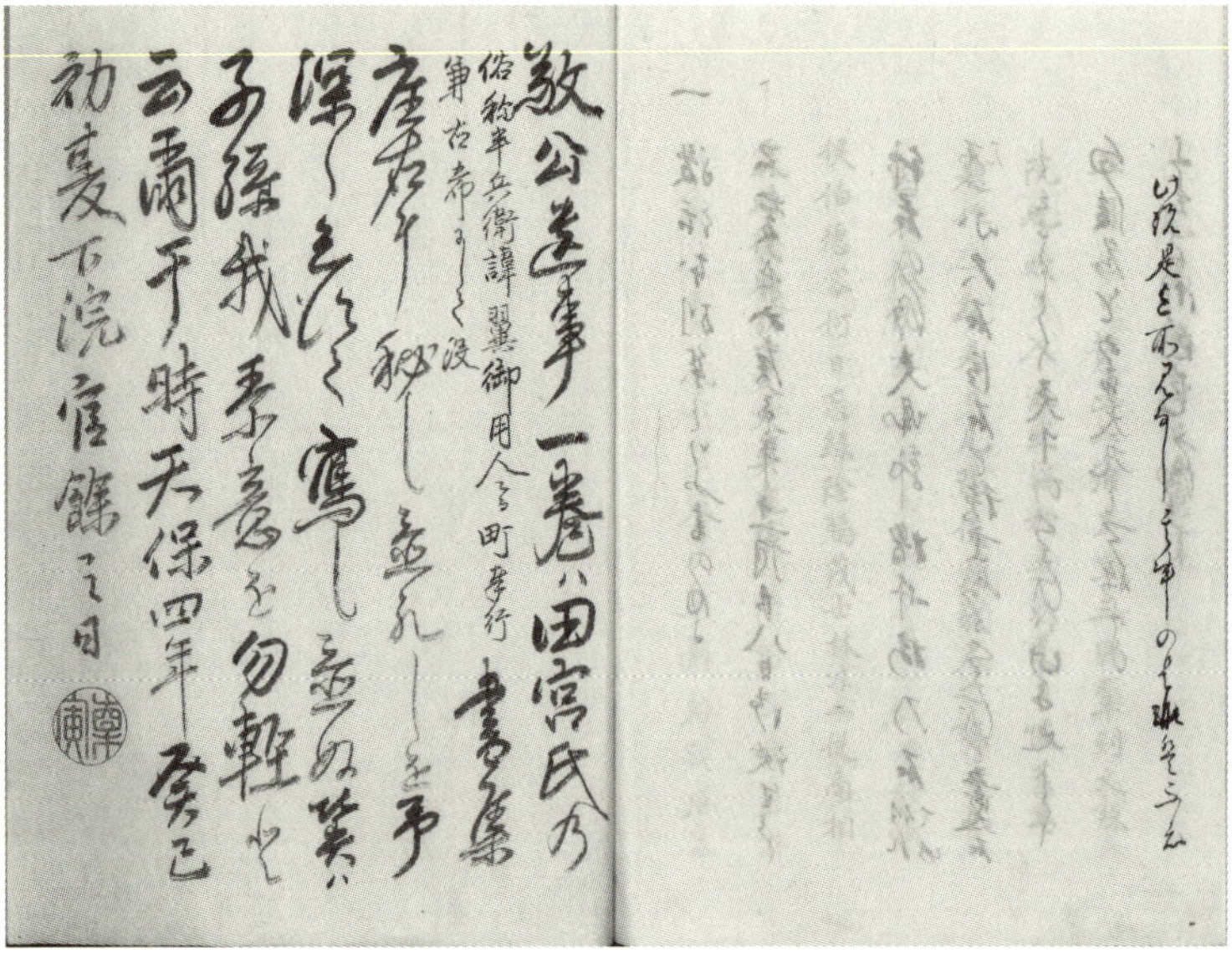

【図版 4】『敬公遺事』書写者奥書

では、中京本を書写した人物は誰か？　奥書に印がある。【図版4】その印面は、「稟寅」である。「稟」は「直」の異体字で、書写者は直寅《なおとら》という人物と推定される。この時期の尾張藩士で半兵衛の周囲にいた人物として想起されるのは、大道寺玄蕃《げんば》直寅である。

　大道寺家は代々家老職の家柄である。石高は三千五百～四千石程度。直寅は、文化十三年（一八一六）家督を継ぎ、三千五百石を賜り、大寄合となる。文政十一年（一八二八）、用人に任じられる。天保六年（一八三五）には城代、同九年、年寄加判となる。年寄加判とは、一般にいう家老職である。翌年病気となり辞職を申し出たが認められず、嘉永六年（一八五三）、年寄加判に復帰、さらに文久元年（一八六一）諸大夫に叙せられ駿河守となる。その翌年に死去（『徳川林政史研究所所蔵　大道寺家文書目録』参照）。

　直寅は半兵衛を「用人にて」としている。直寅も文政十一年から天保六年まで用人であった。半兵衛と直寅は、何らかの交流があったはずである。蓬左文庫所蔵の『青窓《せいそう》紀聞《きぶん》』は直寅の側近で秘書的な役割をしていたとされる水野正信によるものだ。この記録には、文政元年（一八一八）十一月、「町奉行衆役宅出来、直《すぐ》ニ田宮半兵衛引移」とある。大道寺側では町奉行・半兵衛の動向を把握していた。以上のようなことから、書写者を直寅と仮定しておく。識者の判断を仰ぎたい。

　余談ながら、半兵衛没後、田宮家を継いだのは、養子に入った如雲である。如雲は十一代尾張藩主斉温《なりはる》没後の藩主継承問題のとき、高須松平家の秀之助（のちの慶勝）を擁立する運動を起こし、勤皇派「金鉄党」の領袖となり、慶勝を支え、幕府の介入により左遷されるなど、幕末期に波乱な人生をたどった人物として著名である。

一　尊皇・勤皇家という思想像について

『国史大辞典』の項目「徳川義直」（林董一《とういち》執筆）をもとに、簡単に義直のプロフィールを確認しておきたい。

生年は慶長五年（一六〇〇）十一月二十八日。関ヶ原の合戦の三か月余り後の出生である。没年は慶安三年（一六五〇）五月七日。享年五十一。家康の九男。兄に信康、将軍秀忠、松平忠吉、忠輝、弟に頼宣（紀州藩主）、頼房（水戸藩主）がいる。基本的に家康が没するまで家康の元で育つ。初め甲府藩主。慶長十二年（一六〇七）忠吉を継いで尾張清洲に転封。同十三年将軍秀忠から尾張一国領知。同十五年名古屋築城着工、清洲越を行う。大坂の陣に参加。家康没後、元和二年（一六一六）駿府から尾張入国。所領は尾張・美濃・三河・信濃・近江・摂津にわたり、合計高六十一万九千五百石となる。甥の将軍家光とたびたび衝突。藩政は、はじめ平岩親吉《ちかよし》が輔佐、親吉没後は成瀬正成《まさなり》・竹腰正信らの補佐を得た。諡号《しごう》は生前、林道春（羅山）と義直とで定めた源敬《げんけい》。「敬公《けいこう》」と呼ばれる所以《ゆえん》である。剣術にも長じ、柳生利厳《としとし》に新陰《しんかげ》流剣術を学び、新陰流兵法を相伝した。

思想に関しては次のようにある。「尊皇の志あつく、子孫に大きな影響をあたえた。学問とりわけ儒学に心を寄せ、藤原惺窩《せいか》の高弟堀杏庵《きょうあん》を招いて、名古屋城内に孔子廟を営む。同九年学堂を江戸忍ケ岡に創建」。傍線部のように「尊皇の志あつく」と、第一に尊皇思想を挙げているのが目を引く。そして、その尊皇思想は子孫、すなわち、代々の尾張藩主に大きな影響をあたえたとしている。

義直には多数の著書がある。列挙すると『神祇《じんぎ》宝典』十冊、『神道正宗』一冊、『類聚《るいじゅう》日本紀』七十冊、『成功記』十八冊、『御年譜』五冊、『御系譜』一冊、『軍書合鑑』一冊、『軍証志』三冊、『軍書萃言《すいげん》』一冊、『初学文宗』一冊、

『君戒』一冊。これだけ多数の著作があるにもかかわらず、後述のように森川論文が登場するまで、義直の思想を本格的に研究した論文はなかった。しかしながら、これまで尊皇家・勤皇家とされ、のみならず、歴代藩主にも尊皇思想の影響をあたえた、ということが通説となっていた。

義直尊皇家言説は、幕末維新期の尾張藩の動向が関連している。

周知のように、十四代将軍継嗣問題を巡り、十四代尾張藩主慶勝《よしかつ》は大老井伊直弼と対立し、隠居・謹慎を命じられた。その後、家老竹腰正富の佐幕派「ふいご党」が勢力を拡大したが、安政七年（一八六〇）、桜田門外の変で井伊直弼が暗殺されると慶勝が藩政に復帰し、すでに触れた田宮如雲らの尊皇攘夷派「金鉄党」が勢力を伸ばす。ふいご党対金鉄党という図式である。やがて、慶応三年（一八六七）王政復古。このとき京都にいた慶勝は薩長側につき、尾張藩兵は軍事クーデタに加わった。年が明けて一月三日、鳥羽伏見で「官軍」と旧幕府軍が開戦、戊辰戦争が始まる。すると、慶勝は岩倉具視に迫られ、「官軍」につくことを表明した。しかし、このとき、国元で佐幕派のふいご党が挽回し、党のリーダーである渡辺新左衛門が藩主義宜《よしのり》を擁し旧幕府軍に参加するという風説が伝わり、慶勝は急ぎ帰藩し、渡辺をはじめ、ふいご党関係者十四人を処刑した。この事件は、渡辺家の家紋が「青松葉」であったことから、青松葉事件と呼ばれる。以降、尾張藩兵は「官軍」として戊辰戦争を戦うことになる。この行動を正当化するために、尾張徳川家は初代義直から尊皇・勤皇だったという言説に依拠した。

幕末の慶勝と初代義直が直結しているのではなく、両者を四代藩主吉通の言説が媒介している。それはどういうことか。ここで実例をみよう。それは戦時下の昭和十三年（一九三八）に刊行された、市立名古屋図書館編纂・郷土勤皇事績《ママ》展覧会図録刊行会による『郷土勤皇事績《ママ》展覧会図録』である。江戸時代における尾張藩の勤皇事蹟は図版ナンバー一七から二九である。

一七　徳川義直畫像
一八　徳川義直書畫蹟
一九　徳川義直著書
二〇　徳川義直著書
二一　徳川義直著書
二二　徳川吉通書蹟
二三　圓覺院様御傳十五ヶ條
二四　圓覺院様御傳十五ヶ條録來由《らいゆう》
二五　徳川慶勝寫眞
二六　徳川慶勝書蹟
二七　徳川慶勝書蹟
二八　徳川慶勝書状
二九　徳川慶勝書状

二三、二四の「圓覺院《えんがくいん》」が四代藩主吉通の院号である。ここでは江戸時代全十六人の藩主のうち三人だけを勤皇家としてピック・アップしている。義直・吉通・慶勝である。

義直は、「神を敬ひ学を好み、神祇宝典・類聚日本紀等を著す。夙《つと》に皇室を尊崇し、軍書合鑑にその志を述ぶ」、神道を好み皇室を尊崇していたとする。その根拠を吉通の二三「圓覺院様御傳十五ヶ條」（以下、「十五ヶ條」）におく。「十五ヶ條」は吉通の言説を聞き書きした記録である。そこに吉通による『軍書合鑑《ぐんしょごうかん》』の解釈がでてくる。『軍書合鑑』

は義直の著作である。吉通は『軍書合鑑』の最終章を、天皇が軍をおこしたら「官軍」につけと解釈しているという。慶勝については、「尊攘の議起るや、挺身《ていしん》以て皇事に努め、一時幕府之《これ》を幽《ゆう》す。……大政奉還には公武の間に周旋《しゆうせん》す。又皇居造営に檜材を献じ、楠社（湊川神社）造立を建言し、藩論を一定し、近藩勤皇の事を勧説し、率先して版籍奉還を行う」とある。幕末維新において尊皇攘夷に努め、南朝の忠臣・楠木正成を顕彰し、近隣諸藩を説き勤皇の魁《さきがけ》となったとする。

二、『軍書合鑑』「依王命」と「十五ヶ條」

果たして、義直の『軍書合鑑』には有事の際、尾張徳川家は天皇・「官軍」につけ、と書いてあるのだろうか。この問題を追究し、また、義直の著作を詳細に分析して通説を覆す画期的な論文が登場した。森川夏水乃《かなの》「初代尾張藩主・徳川義直の思想と思想像」である（『中京大学文学会論叢』一〇号、二〇二四年）。森川論文を参照しながら、『軍書合鑑』と「十五ヶ條」の問題を検証していこう。

「十五ヶ條」は吉通自身の著作ではなく、尾張藩士・近松茂矩《しげのり》の著作である。

近松茂矩とは何者か？　生没年は一六九七〜一七七八。通称・彦之進。正徳三年（一七一三）、十七歳で江戸詰、藩主吉通の側小姓となる。武術に優れ片山流居合、貴直流兵法、心念流棒術等を修める。六代藩主継友の代に、馬廻組となり国元詰となる。兵法にもすぐれ、全流錬兵伝を開く。また、吉見幸和《ゆきかず》に学び、神道家・国学者でもあった。

「十五ヶ條」は吉通に近侍していた近松が、吉通から聞いたことを記したものである。成立は明和元年（一七六四）。吉通の没年は一七一三年である。吉通没後、半世紀以上を経た近松の回想である。義直と慶勝を媒介するのは、より正確には吉通というより、近松の「十五ヶ條」が創り出した言説である。

森川は、義直の『軍書合鑑』の最終章「依王命被催軍《おうめいによりてぐんをもよおさる》」と「十五ヶ條」のその解釈を比較している。「依王命被催軍」の原文は次の通りである（テキストは蓬左文庫所蔵本を使用した）。

夫《それ》催ニ応シテ軍ヲスルトキハ、常ノ義ニスコシ異リ、異リト云フハ、味方大軍ニシテ王ノ命アリトイヘトモ諸将心々ナリ、故ニ軍ヲセント見ツクラウトキハ、人先ヲスル故ニ吾武コレニヲトル、コレ生涯ノヒケナリ、手勢ヲミタサ、ル様ニ、次第々々ヲ追テ、ハヤク軍ヲスヘシ、是モヨホサル、軍ノ大法ナリ、シカレトモ敵ヨキ険阻ヲ前ニアテ、、シカモコハクハ君ニ使ヲツカハシ告ヘシ、其下知ニヨツテ軍ヲスル、コレモ一ツノ法ナリ、此道ヲ常ニヨク慮《おもんぱか》ルヘキコト也、軍ヲスルハ医師ノ病ヲ治スルカ如シ、古今ノ書ヲ考ヘテ療スト云ヘトモ、病ヲ見ルコトアヤマルトキハ、カヘツテ大キナルアヤマチアリ、兵ヲ用ルモノ軍ヲ見ヲホセス、モツハラ書ヲ用ヒテ軍ヲセント思ハ、敗ヲ取ヘシ、此書ヲ見ル者ヨク其慮リヲナスヘキ事也

これを「十五ヶ條」では次のように解釈した（テキストは名古屋市教育委員会『名古屋叢書第一巻　文教編』一九六〇年を使用した）。

（吉通の）御意に、源敬公（義直）御撰《おえら》み軍書合鑑巻末に、依王命被催軍といふ一ヶ条あり、但し其戦術にはさしてこれはと思ふ事も記されず、疎略なる事也。（略）（武家がもらう）今日之位官は、朝廷より任じ下され、従三位中納言源朝臣《あそん》と称するからは、これ全く朝廷の臣なり。されば水戸の西山殿は、我らが主君は今上《きんじょう》皇帝なり。公方《くぼう》は旗頭《はたがしら》なりとの給ひし由、然ればいかなる不測の変ありて、保元・平治・承久・元弘のごとき事出来《いできた》りて、官兵を催される事ある時は、いつとても官軍に属すべし。一門の好みを思ふて、かりにも朝廷にむかふて弓を引事あるべからず。此一大事を子孫に御伝へ被レ成《なされ》たき思召にて、此一ヶ條を巻尾に御記し遺されたりと思ふぞ。

両者の違いは一目瞭然であろう。『軍書合鑑』には、棒線部のような、

①保元、平治、承久、元弘の乱などという語句はなく、

②官兵・官軍・朝廷などという語句もない。

③あるのは、ただ「王ノ命」のみ。『軍書合鑑』は用兵に特化し、地勢や味方の人心の掌握、現場の状況を重視する。

④「十五ヶ條」は一貫して朝廷や天皇に仕えるべきことを説き、『軍書合鑑』にない「水戸の西山殿」＝徳川光圀を登場させ、尾張や水戸の徳川家の「主君」は将軍家ではなく、「今上天皇」とする不審な内容を挿入している。

⑤「十五ヶ條」は、徳川一門の情誼によって「朝廷にむかふて弓を引事あるべからず」「官軍に属すべし」とする。

以上のように、「十五ヶ條」の解釈は、『軍書合鑑』の原型をとどめていない。尾張藩主が「従三位中納言」という武家官位を朝廷からもらっている以上「朝廷の臣」であり、天皇が「官軍」を組織したら、徳川一門を見限ってでも、「官軍」につくべきであるという勤皇思想によって読み替えられている。看過できないのは、波線部のように義直の戦術を「疎略」といっていることである。果たして、子孫の吉通が尾張徳川家始祖の戦術を「疎略」などというだろうか。これは兵法家でもある近松の評ではないのか？……という疑念が浮かぶ。

この「十五ヶ條」の背景には、尾張藩の「古代学」ネットワークが見え隠れする。この古代学とは、古代史の研究ではなく、記紀研究である。特に、『日本書紀』神代巻を重視した。このネットワークの中心人物は、吉見幸和（一六七三～一七六一）で、すでに述べたように近松の神道・国学の師である。吉見は、垂加《すいか》神道を学んだが、伊勢神道五部書が偽書であるとして、垂加神道から離れた。また自身の神道を「天皇の道」とし、『日本書紀』神代巻を実証的に研究した。吉見の門人は多く、藩主として吉通のほか、六代継友がふくまれ、尾張藩の社家はほぼすべてが門人であったとされる。藩の出資により吉見文庫がつくられ、厖大《ぼうだい》な書を蔵した。吉見の死後、河村秀穎《ひでかい》・秀根《ひでね》によって

『日本書紀』研究が続けられた（岸野俊彦『幕藩制社会における国学』校倉書房、一九九八年参照）。

古代学ネットワークの周辺から、藩祖義直を勤皇とする物語が創作された可能性が高い。「十五ヶ條」の影響力、インパクトは非常に大かった。明治維新以降、今日にいたるまでの義直の尊皇家・勤皇家という像・イメージは、すべて「十五ヶ條」に行き着くといっても過言ではない。幕末維新期の尾張藩の動向、すなわち、将軍家に叛き、新政府軍についたことは「十五ヶ條」によって正当化され、義直を尊皇家・勤皇家とすることが定説化・通説化した。いうまでもなく、この言説を強固なものにしたのは、戦前の皇国史観であった。

義直本来の思想に迫るには、こうした強固なイメージを引き剝がす必要がある。その力をもっているのが『敬公遺事』なのである。

さらに森川は義直の庭訓書、具体的には『初学文宗』『君戒』『軍書合鑑』を分析して、義直の思想の核心に儒学があったことを突き止めた。庭訓書とは子孫に語り残す教訓・訓戒書である。これらの書物で義直が重視しているのは儒学である。それは藩国家を統治する治者意識によるものである。

『敬公遺事』には、『君戒』がすべて引用されている。儒学にはさまざまな学派があるが、森川は庭訓書の他にこの『敬公遺事』を使い、義直は朱子学的傾向が顕著であることを明らかにした。『敬公遺事』における例はたとえば、次のごとし（二字空きは平出。以下同様）。

一　木枕物語ニ曰　　義直公神仏の二道を兼、文武両道に備ハらせ給ひて、武士を撫《ぶし》、民を憐ミ、名将の誉ニ叶ハせ給ひける、深く酒をも好ませ給ハねハ酔の御悔もなく、常に花にめてさせ給ハねハ、色の御まとひもなく、制法廉直《れんちょく》にして国ゆたかに賞罰正敷《ただしく》、仁政にして民常に安んし、天下の為ニハ異国の周公《しゆうこう》ニ等しきと世挙て申奉りける、国々の諸侯も此君の御国法にめてさるはなし云々

「木枕物語」とあるのは、国書データベースにある『木枕』のことである。

棒線部のように、義直は藩制度を整え、儒学的な統治である「仁政」を実践し、領民は安心して暮らしていた。それは、尾張藩域を超えて広く知られ、中国の理想の政治家「周公」に等しいと賞賛されるほどだった、という。『木枕』によれば、義直は尾張藩・徳川家という国と家、つまり、国家を強く意識していたことになる。国＝藩の統治と家中の統制は、大きく異なる側面がある。それは、領民という要素である。近世においては、民は国の本という民本主義が政治常識であり、その民本主義の柱が仁政であった。波線部のように「武士を撫、民を憐ミ」と家中と領民がわけられている所以である。

三　『敬公遺事』における「武」の問題

以上があきらかになった義直の思想における儒学の側面である。本稿では、『敬公遺事』によって義直の儒学以外の思想の可能性を探っておきたい。それは、儒学＝文に対する武であり、軍学である。

すでに触れたように『敬公遺事』の前半は伝記的記述になっている。冒頭は、義直が尾張に入部するまでの経緯と、名古屋城築城にかかわった前田利長をはじめとする大名の一覧である。伝記はその後からはじまる。最初は、幼少のとき家康のもとにいた駿府時代の鎧《よろい》初《ぞ》めの儀礼である。「神君（家康）仰出さるゝハ、御両人の御武具ハ、神君めさせ進せらるへしとの御事にて、御前ニ而御両人御一同ニ召し給へり」とある。「御両人」は義直とのちの紀州藩主頼宣である。二人が家康の面前で、武具をまとう儀礼である。

頼宣との関係を強調しているのは、尾張徳川家の出発点、また、幕藩体制のなかで占める地位において、非常に重要な意味をもっている。義直・頼宣と水戸藩主の頼房は、家康の晩年期の出生で、ともに家康のもとで駿府で育った。この三人はいわゆる御三家を構える。駿府時代の将軍は彼らの兄秀忠である。家康は駿府において大御所政治をおこなっていた。家康が死去するや、秀忠はこの三人をそれぞれ、尾張・紀州・水戸に赴かせる。高橋修はこれを「左遷」と呼び、実は御三家は将軍・幕府の側から創設されるのではなく、三家の側から認めさせたものとしている（高橋『戦国合戦図屏風の歴史学』勉誠出版、二〇二一年）。

鎧初めの儀礼の後、大坂の陣と軍学についての記述が五丁半と長くつづく。それは以下のとおりである（便宜上、各条に丸付き数字を付した）。

一① 慶長十九寅年（一六一五）十月三日大坂御陣（冬の陣）御進発前ニ付、　神君ゟ《より》引当之御幕并白旗惣白まねきに黒葵御紋被進之《これしんぜらる》、

一② 大坂御在陣之内、藤堂和泉守高虎之仕寄場《しよせば》へ御越、井楼《せいろう》へより城中を御見物あり、于時《ときに》、城より鉄炮を放こと雨のことし、高虎ためしかぶとを差上しに、御会釈有て御傍に差置給ひ、猶も城中を御熟覧あり、御神色不変、御勇気凛々《りんりん》たり、後此事を高虎人に語りて奉感《かんじたてまつり》しとそ、

一③ 元和元卯年（一六一六）、大坂再之御陣（夏の陣）五月六日御先手藤堂高虎之隊長士卒死傷多しと聞召《きこしめし》、明日の御先手を御願遊ハさるべくと進ミ給ふ、于時、成瀬隼人正正成《はやとのしょうまさなり》、此事ハ某《それがし》に任せ給へと達《たつ》て申上ニよつて御願なかりしとなり、此事後年に近習の人に御物語有しハ願ふて叶時ハ幸也、不叶とても申上れハ道理ハ立ものをと宣ひ、御後悔之御様子ニ而ありしとそ　○或説ニ正成斯斗らひし事深き慮あり、実に武勇功者のいたす所なりとも見へたり、

一④ 同七日、御勢一万余騎を引率し、天王寺茶磨山《ちゃすりやま》江押懸給ふ所に、御先諸軍の味方崩れに御勢（義直の軍勢）も色めき崩れ、敵味方分明ならさるに、足軽之者とも鉄炮を多く打けれは、御使番して下知し給ふ、于時、渡辺忠右衛門守綱　御馬之前に来る、いかに忠右衛門、敵も見へず、味方崩れと見遊る程に麾《さい》（采配）をは取ら

さるそ、進むにしかしと仰あり、守綱此仰を奉感《かんじたてまつり》、御請ニも不及、不覚涙を流しけり、猶も御下知ありて
御馬を乗出し給へは、御勢も進む事と心得て、是ゟ崩る、事なく静りけり、此頃ハ数度の軍に逢たる輩ありといへども、か、る下知を不聞、加州の武者奉行伝へ承り、御年十六にてケ様の御下知大将の武道におゐて、是に比すへきことなしと返す〳〵奉感たりしとなん、

一⑤
味方崩れの時ふミ止りたるものともは、黒眼上へ付たり、又旗の乱れしを尾﨑内蔵助・左右田与平下知して立
直す、其時左右田か眼四つも有るやうに面の中ハ眼と見へたりと後々迄も御物語り有しとかや、御若年といへ
とも味方崩れに少しも御心を動し給ハす、諸士の働に御心を附給ふ事かくのことし、
早く御勢を被結《むすばされ》候《そうろう》様《よう》ニと　神君ゟ御使来し時、士卒只今兵粮《ひょうろう》を遣ひ居候と山下半三郎申上たれハ、其
内に敵引入らハ如何せんと叱られ給ひ、速に打立給ひしかハ、士卒ハ兵粮を打違《うちたがえ》へ入、走《わし》せ続きたり、後々
迄も半三郎此事を人に語りて、うつけたることを申上たりと度々申出せし由也、

一⑥
御帰陣の上彼地に甲乙先後御僉議《せんぎ》、或ハ御直《おんじか》、或は頭《かしら》支配ニ而諸士不残《のこらず》御吟味ありて賞罰夫々《それぞれ》に命し給ふ、

一⑦
常々御意ニ成けるハ、我倹約をするは、人馬をよく持、武具馬具を備へ、家中之者共に武を励まし、出陣の用
意おこたらす、不慮の急変にさしつかへなからしめんか為に簡略をする也、是皆武備の為なれハ、軍用武辺《ぶへん》の
事にハ、たとひ指当《さしあた》り利益すくなきと思ふことにても、費用をいとふ事なかれとなり、

一⑧
御前にて昔しの事とも御咄有しに、渡辺半蔵申上けるハ、味方か原(三方ヶ原)ニ而味方そ、り、武田方勝にのりて、か、
り来り大崩に至らんと見へける時　神君ちつともさハかせ給ハす、すハや軍には勝たるそ、あれを見よ、敵《てき》
斗《ばかり》に乗りて来るそやと高々と御よハりありしかハ、味方の者とも、扨《さて》ハ御はかりことに、そら崩れよとおも
うと、自然にしつとしつまりし拍子に御引取ありしゆへ、難なく浜松まて御引有しと申上るも終らぬに御気色
かハり、咄無用と御意あり、半蔵も不首尾に退きし、暫《しばらく》有《あ》る半蔵一人召され、先刻の咄軍術の至極《しごく》大事と其

方か言下に思ひ付し故とめし也、ケ様の事ハ以後共ニ密々に言聞かせよ、先刻ハ外々《ほかほか》之者も居るに咄出す事、さりとハ其方に似合ぬ事そと御意ありし、兵は神密を要とすといふ事有、如《かくのごとく》此軍術を御大切に被遊事《あそばさること》、半蔵深く奉感しとぞ、

①②は冬の陣である。

①は出陣にあたり、家康から直々《じきじき》に幕と白旗を与えられたとする。大阪の陣において義直は頼宣とともに本陣家康の後方に陣していた。

②では前線の藤堂高虎の陣地を訪れ、構築されていた井楼の高みから、大坂城中を観察していたが、そのとき城内から多数の鉄砲が打ちかけられた。棒線部のように、高虎は義直が危険だと思い、ためし兜をかぶるように勧めた。義直は会釈したものの被らず脇に置いた。そして、なおも顔色ひとつかえず、観察していた。高虎はその勇気に感じいったという。ためし兜とは、鉄砲を兜に試射して強度を試し済のものである。

③〜⑥は夏の陣である。

③戦闘の場面は五月六日の八尾の戦いである。この陣でも義直は後方に位置していた。藤堂高虎勢と豊臣方の長宗我部盛親《もりちか》勢が激突し、藤堂勢が敗れ潰走した。軍議のとき義直が、翌日の戦闘では先陣にたつと申し出ようとしたが、家臣の成瀬正成がそれは自分にお任せあれ、と申し出たという。

④翌七日の戦いは、天王寺口の戦いである。「茶磨山」とあるのは、豊臣方の真田信繁《のぶしげ》（幸村）が陣した茶臼山である。信繁は茶臼山から真一文字に家康をめがけて突進した。義直は一万余騎を率いて、茶臼山に向かっていたが、徳川勢が総崩れとなり後退してきた。義直勢も動揺して鉄砲を盛んに撃ち始めた。これをみた義直は、棒線部のように、馬上で「下知」したという。「敵味方不分明」とあるので、この「下知」とは味方を撃ってしまうので撃つのを

やめさせたということではないか。そのとき、家臣の渡辺守綱が義直の前に現れた。義直はいま敵はみえず、味方は崩れているので波線部のように、なぜ、お前（守綱）は采配を取らないのか、ここはもう前進するしかないといった。守綱は感激して落涙した。義直が騎馬で進み始めたので、義直勢も進むしかないと覚悟し、軍勢は落ち着きをとりもどしたという。割り注のように、それを目撃した前田利常勢の武士で、何度も合戦の場数を踏んでいる武者奉行が、義直の年が十六と幼いのに、こんな凄い下知ができるのかと驚き感心することしきりだったという。ちなみに、守綱は家康に仕え姉川、三方ヶ原、長篠、小牧・長久手などの合戦に参戦した歴戦の勇者である。家康の十六将の一人に数えられ、のち義直の家臣となり、一万石を下賜され、それまでの所領とあわせて一万四千石となった。

⑤戦の後の話である。棒線部のように、義直はこの混戦で、家臣のなかで踏みとどまり、奮戦した者たちは眼つきが違っていた、と評した。若年なのに冷静に家臣の働きを観察していることが賛美されている。また、後半、家康から出陣を促されたとき、いま士卒に兵糧をとらせているといった家臣に、義直がそんなことをしている間に敵が攻めてきたらどうする、と叱ったという挿話を加えている。

⑥は⑤と関係して、戦後の論功行賞を義直自らが吟味して、すべて実施したという。

⑦では、平時のときから武備を整えることが重要で、倹約・簡略を好むのは武備のためであり、武備の費用は惜しんではならないという。

⑧の「半蔵」は④に登場する渡辺守綱のことである。守綱の通称は、はじめ半蔵で、のち忠右衛門と改めたとされる。守綱が義直の前で、軍談、すなわち、三方ヶ原の合戦のときの家康の軍術について語っていると、棒線部のように義直は不機嫌になり、突然「咄無用」と軍談を止めた。守綱は訳がわからないまま退席した。するとやがて召し出され、義直と二人きりになった。義直が、さきほど軍談を止めたのは、軍術は内密なのが大切で、さっきは他に人が

いた。軍術の機微は今後、二人きりのときに話すようにと諭したので、守綱は深く感動したという。

なぜ、『敬公遺事』では義直の武や軍学を強調しているのか。これには、家中統制と対将軍家の二つの側面が考えられる。

戦乱がおさまったばかりの近世初期の家中統制は、どの大名家においても神経をつかったが、尾張徳川家においては複雑な事情があった。それは、家臣団に四つのグループがあったことである。①尾張藩主になる前、義直は甲府藩主だったので、甲府の家臣。②義直は清洲十万石の兄松平忠吉を継いで尾張に入ったので忠吉から引き継いだ家臣。③駿府にいたころの家臣。④成瀬・竹腰ら幕臣から家臣となった者たちである（岸野前掲書参照）。

たとえば、家老・成瀬正成は、小牧・長久手の合戦で家康軍につき戦功をあげ、小田原「征伐」にも参戦し、関ヶ原の戦いでは家康の使番をした。正成はその後、家康の家老となり、三万四千石の大名となった。つまり、正成はもとは家康の家臣で譜代大名格の家柄であった。尾張藩には付家老として配置され、独立性が高く犬山城の城主でもあった。初代藩主義直は一枚岩ではない家臣団をまとめるのに腐心したに違いない。

高橋修は、義直の弟、紀州藩主頼宣が軍学に非常に高い関心をもち、将軍家の軍学が甲州流武田軍学であることを意識して、それに対抗するように上杉謙信の越後流軍学を創作したことを明らかにしている。創作した理由は元和偃武以降、合戦で自家の強さをアピールすることはできない。「将軍家に匹敵するような能力を持ち、将軍家に何かあったときにはそれに代わることができるような立場を、自分たちで主張しなければならなかった」からであると推定している（高橋前掲書）。義直が柳生利厳から新陰流を相伝したのは、秀忠に従い、そして、将軍家光の兵法指南となった柳生宗矩《むねのり》の新陰流、いわゆる「江戸柳生」への対抗意識があるのではないか。

義直の武や軍学の強調、また家康とともに実際に参戦した大坂の陣での戦功は、戦乱を潜ってきた家臣団を従わせ、ひとつにまとめるために重要だったはずである。また、対将軍家においては、秀忠の息子家光、義直からみれば甥の三代将軍との不和が伝えられている。将軍家に対するアイデンティティとして、大坂の陣で劣勢の家康軍を立て直したという武功物語も重要であったはずである。それによって、将軍職につける家柄であることをアピールできる。

ここで、義直の著作に『成功記』『御年譜』『御系譜』『軍書合鑑』『軍証志』『軍書萃言』といった書物があることを想起したい。『成功記』は源氏の始祖貞純親王から家康の死去までを叙述し、家康の功績を顕彰したもの。『御年譜』は家康の年譜。『御系譜』は徳川氏の系図。『軍書合鑑』は庭訓であるとともに、軍法書である。その内容は前掲森川論文に詳しい。『軍証志』は神武天皇の東征に始まり、朝鮮出兵に至るまでの合戦と、それへの義直の評価を記したものである。『軍書萃言』は和漢の兵法書・軍学書の抜粋である（西村時彦『尾張敬公』名古屋開府三百年記念会、一九一〇年参照）。これらは全部で二十九点あり、義直の著作百十三点（聞書きの『祖父物語』を除くと百十二点）のうち四分の一を占める。つまり、義直が武・軍学と家康が天下を制するまでの徳川家の歴史に強い関心を抱いていたことを示している。

紀州徳川家の頼宣に将軍職を継げる家柄であるという意識があったとすれば、その兄義直にも同様の意識がないはずがない。義直の武・軍学への高い関心の背景には、「神君」＝父家康の息子であるという強い意識が存在し、幕藩体制のなかで尾張徳川家を特別な位置につけようとする意識と繋がっているだろう。つまり、徳川家の始祖「神君」＝東照大権現を背景とした武の強調や軍学は、家中統制と将軍家に対する自己主張のためではないか。

義直の軍学への関心は、単なる軍事にとどまらない。それは前掲の⑧に続く次の⑨からもわかる。

一⑨　或時　正公（光友）へ御意有しハ、大将となりての第一の嗜《たしなみ》ハ、諸士の諫言を聞て用ゆる事そ、いさめを不聞《きかざる》時ハ身のあやまりを知る事なし、能《よく》人をなつけて諫をいわすへし、其諫をいふ者をハよく重んし取立て恩賞をあたふへし、我足らさる所を足し、不及《およばざる》所を及してくれる者なれハ、重く賞せすんハ有へからす、然るに愚将ハ諫言を聞さるのミならす、是を遠け、又ハ罰しぬ、偏《ひとえ》に我身の手足を自分に切つて捨るに同しき事そ、近くハ大内義隆・武田勝頼のことく滅ひぬ、又信長公ハ平手中務か諫を御用ひ被成《なられ》、御身を持直されし故、一度天下に旗をあけられしか、如何被成《いかがなられ》てか、森蘭丸か諫を御用ひなき故、明智を手延ひニ被成て却て弑《しい》せられ給ひし、能々おもふへき事そ　東照宮御大切を立給ひしも諸臣の諫言をよく御用ひ被遊《あそばされ》し故そ、予（義直）幼少の時も度々（成瀬）隼人・（竹腰）山城初、老功の者の諫をそむくことなかれと　上意有し事ハ今も忘れぬそ、唐ニ而も太宗《たいそう》ハ諫をいふ度毎に必ず金帛《きんぱく》をくれられし故、諫臣進んて我おとらしと諫をいれし故、大業を立て子孫数百年の太平を保たれしとそ、其方かたく此事を忘れす能守り、子孫ニも言伝ふへしと、折々御教訓有しとなん、

「大将」「愚将」という軍学的用語を使い、大内義隆、武田勝頼、織田信長などの例を引きながら、彼らが滅びていったのは、諫言を聞かなかったことによる。これに対して、棒線部のように、家康が成功したのは諫言を採用したからであるという。また、波線部のように、唐の太宗が徳治を実践した貞観《じょうがん》の治は有名だが、それになぞらえて諫言を聞くことは儒学的な仁政の実践に必要だという主張が読み取れる。これは若尾政希が明らかにした近世前期において軍書に儒学的な要素、仁政思想をとりこんでいく「太平記読み」の思想に通じている（『「太平記読み」の時代』平凡社、一九九九年）。つまり、軍学への関心は、近世初期の武士団から官僚集団へ転換する大名家の過渡性とも関係していた。

もちろん、『敬公遺事』は十九世紀前半に成立した書物であり、そこにはその時代背景と、田宮半兵衛の意識・思想が反映していることはいうまでもない。『敬公遺事』の義直像もまた、再構築されたものである。世は天保の飢饉が始まり、欧米列強が日本近海に出没している内憂外患の時代であった。また、将軍家との関係でいえば、尾張藩主

は十代斉朝《なりとも》、十一代斉温《なりはる》、十二代斉荘《なりたか》、十三代慶臧《よしつぐ》と四代続けて将軍家や御三卿から入った藩主が続いていた。かくして、田宮半兵衛を継いだ如雲は、金鉄党を組織し、十四代藩主を将軍家や御三卿からではなく、高須松平家の慶勝を擁立する運動を担うことになる。いずれにせよ、半兵衛の初代藩主へのまなざし、つまり、『敬公遺事』はこうした時代背景から捉え直す必要がある。

以上のように従来定説として義直にまとわりついていた尊皇・勤皇家という思想像を引き剝したうえで、義直の著作を分析して、その思想がどのようなものであったかを明らかにする必要がある。尾張徳川家初代藩主義直の本格的な思想研究は、ようやく緒に就いたばかりである。拙稿が今後の研究の刺戟になれば幸いである。

中京大学古文書室所蔵の古文書群（二）

杉浦綾子・西村健太郎

はじめに

中京大学古文書室は、二〇一四年に本学文学部に歴史文化学科が新設されたことに伴い、文学部所蔵の古文書を管理・保存する目的で開設された施設である。尾張・三河地域の史料を中心に、織田信長の商人司伊藤宗十郎の古文書として著名な「伊藤宗十郎家文書」や、京都の公家烏丸《からすまる》家伝来の「日野烏丸家文書」といった江戸時代以前の古文書の原本を含む、学術上価値の高い資料を数多く所蔵している。本稿では、「中京大学古文書室所蔵の古文書群」（『中京大学文化科学叢書』24、二〇二四年）に続き、「伊藤宗十郎家文書」・「日野烏丸家文書」所収の古文書のほか、豊臣秀吉の関係史料、尾張藩初代藩主徳川義直・同二代藩主光友などの古文書についても紹介する。

なお、本稿の史料翻刻ならびに解説は1～7・16は西村が、8～15・序文は杉浦が担当した。

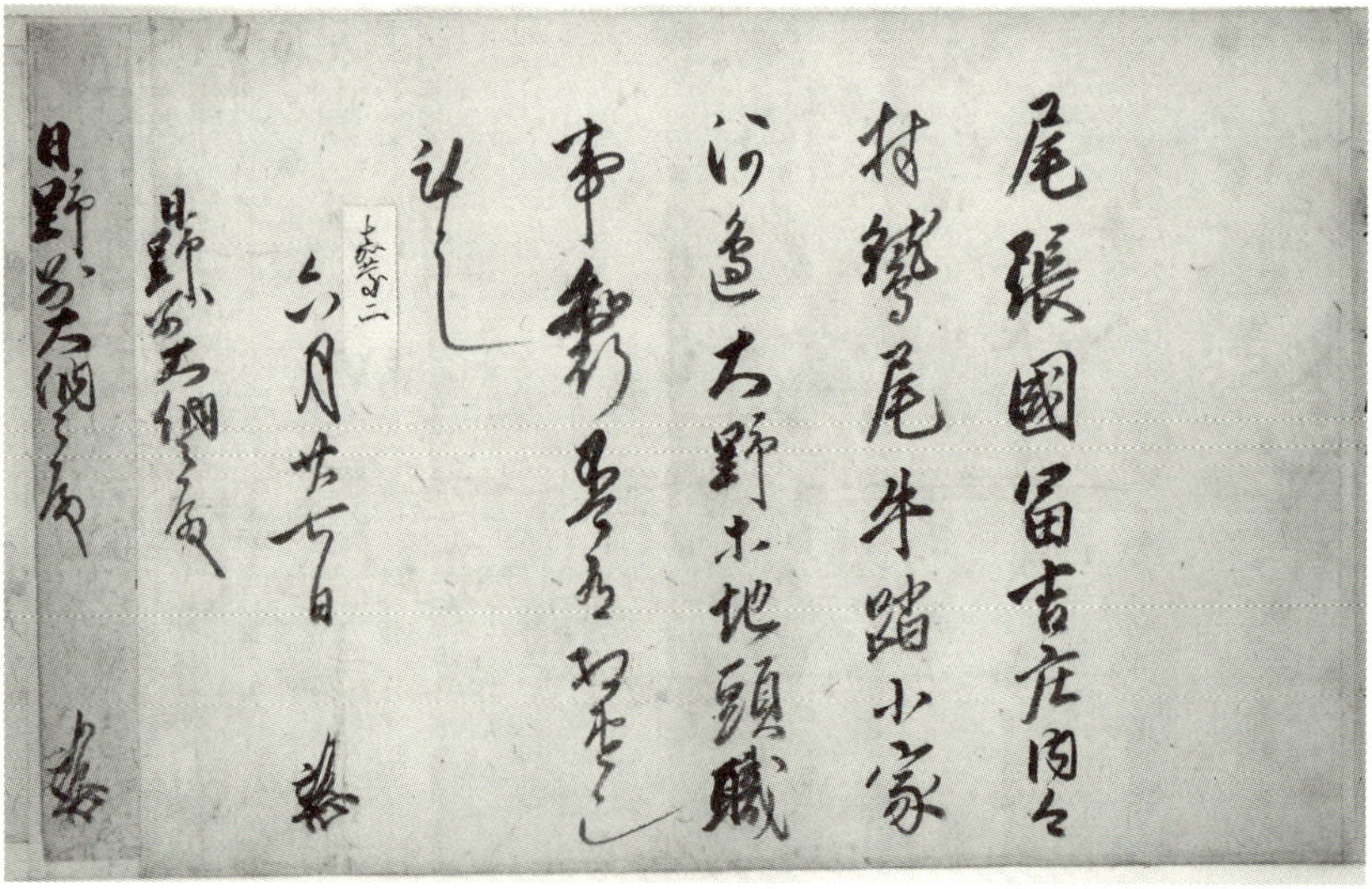

足利義満御内書

（1）足利義満御内書　嘉慶二年（一三八八）六月二十七日付　日野資康宛

「日野烏丸家文書」所収

【翻刻】

尾張国富吉庄内々
村・鷲尾・牛踏・小家・
河辺・大野等地頭職
事、知行不可有相違候也、
謹言、
（後世貼紙）
「嘉慶二」
　　六月廿七日　（足利義満）（花押）
　日野前大納言殿
（封紙ウワ書）
「日野前大納言殿　（花押）」

【解説】

京都の公家日野《ひの》烏丸《からすまる》家に伝来した「日野烏丸家文書」は、当家が代々受けた所領の保全を証明する内容の古文書群である。表紙に「将軍家之一通」と打付書がなされた、延文二年（一三五七）から天文十年（一五四一）までの四十二通を収める甲巻と、「将軍家代々一通」の打付外題が付された、至徳三年（一三八六）から文禄四年（一五九五）までの三十二通の乙巻の計二巻からなり、南北朝期にはじまり織豊政権期へと至る各時代の文書が巻子に貼り継がれている。京の支配者が室町幕府から織田信長・豊臣秀吉へと移り変わるなかで、保証対象が京の居宅周辺や摂津国上牧（現・大阪府高槻市）の関所などの権利に縮小していく様子がよみとれる。

本文書は、室町幕府三代将軍足利義満が日野資康に対して、尾張国富吉庄内（現・あま市）の村々の地頭職を保証した御内書である。

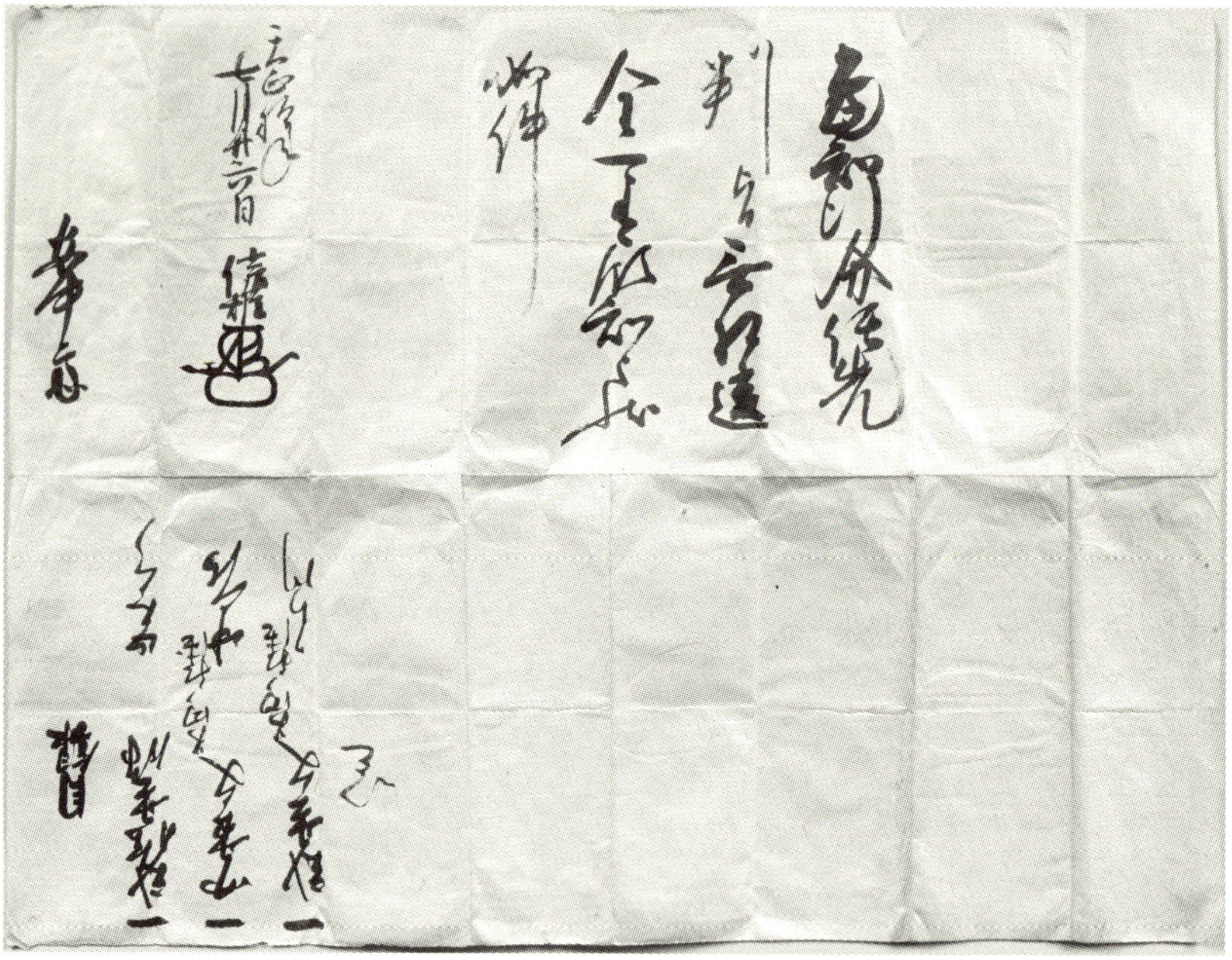

織田信雄知行宛行状

（2）織田信雄知行宛行状（天正十年（一五八二）七月二十六日付
伊藤宗十郎宛　「伊藤宗十郎家文書」所収）

【翻刻】

当知行分、任先
判旨、無相違
全可有領知之状、
如件、

天正拾年
七月廿六日　信雄（織田）（花押型）

安中斎

目録

一　弐拾貫余　岩くら
一　四貫文　色田ノ私徳　中庄
一　弐貫文　色田ノ私徳　かち川
以上

【解説】

「伊藤宗十郎家文書」は、織田信長の商人司（商人を統轄する商人頭）であった伊藤宗十郎家に伝来した古文書群で、織田家の当主や家臣、尾張統率者の印判状・判物など全二十四点からなる。伊藤宗十郎は商人でありながら信長と主従関係にあり、信長の長男織田信忠をはじめ、本能寺の変後に尾張を統治した次男信雄、天正十八年（一五九〇）から文禄四年（一五九五）まで領主の地位にあった豊臣秀次、豊臣政権下で尾張を治めた福島正則、関ヶ原の戦いの後尾張に入部した松平忠吉らにも代々仕え、尾張・美濃の商人を支配した。

本文書は、織田信雄が安中斎（伊藤宗十郎）に対して、尾張国丹羽郡岩倉（現・岩倉市）・中島郡中庄（現・稲沢市）・春日井郡勝川（現・春日井市）の計二十六貫文余の知行地を安堵した内容である。清須会議を経て尾張の領主となった信雄は、従来通り家臣の知行地を安堵することで彼らとの結束を深めた。

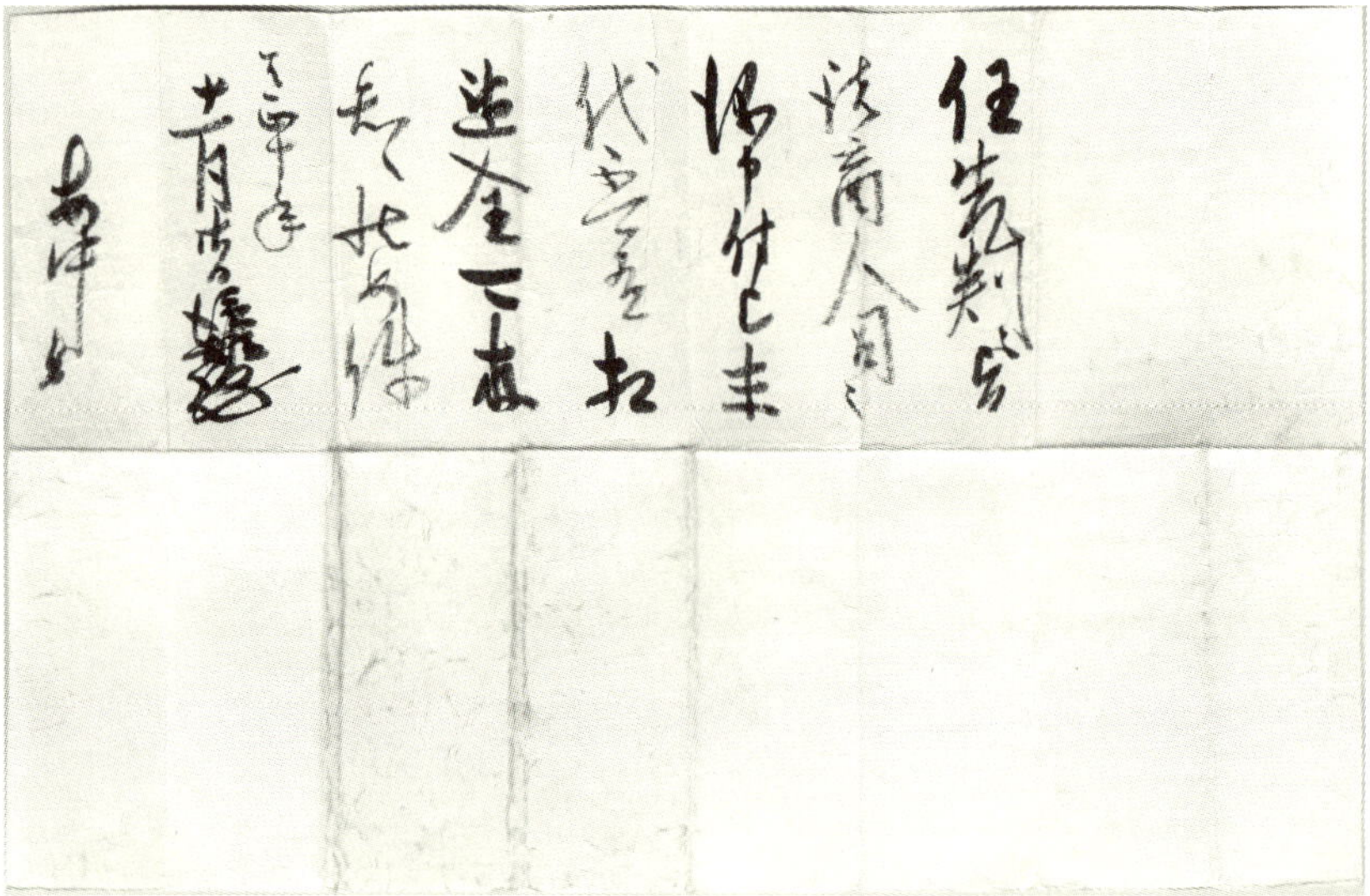

織田信雄判物

（3）織田信雄判物（天正十年十一月二十日付　安中宛「伊藤宗十郎家文書」所収）

（一五八二）

【翻刻】

任先判之旨、
諸商人司之
儀申付申候、末
代不可有相
違、全可存
知之状如件、
天正十年
十一月廿一日信雄（織田）（花押）
安中
参

【解説】

「伊藤宗十郎家文書」は、織田信長の商業政策や織豊期における尾張商人の状況を知り得る貴重な史料である。近年、長らく所在不明となっていたその原文書が発見され、現在は中京大学文学部古文書室の所管となっている。

本文書は、清須会議を経て尾張の領主となった織田信雄が、安中（伊藤宗十郎）に対し商人司としての活動を認めた内容である。伊勢の大名である北畠氏に養子に出されていた信雄は、当初は北畠氏の花押と似たものを使用していたが、本能寺の変後は信長の花押に自身のそれの形を寄せることで、織田家の後継者であることをアピールした。

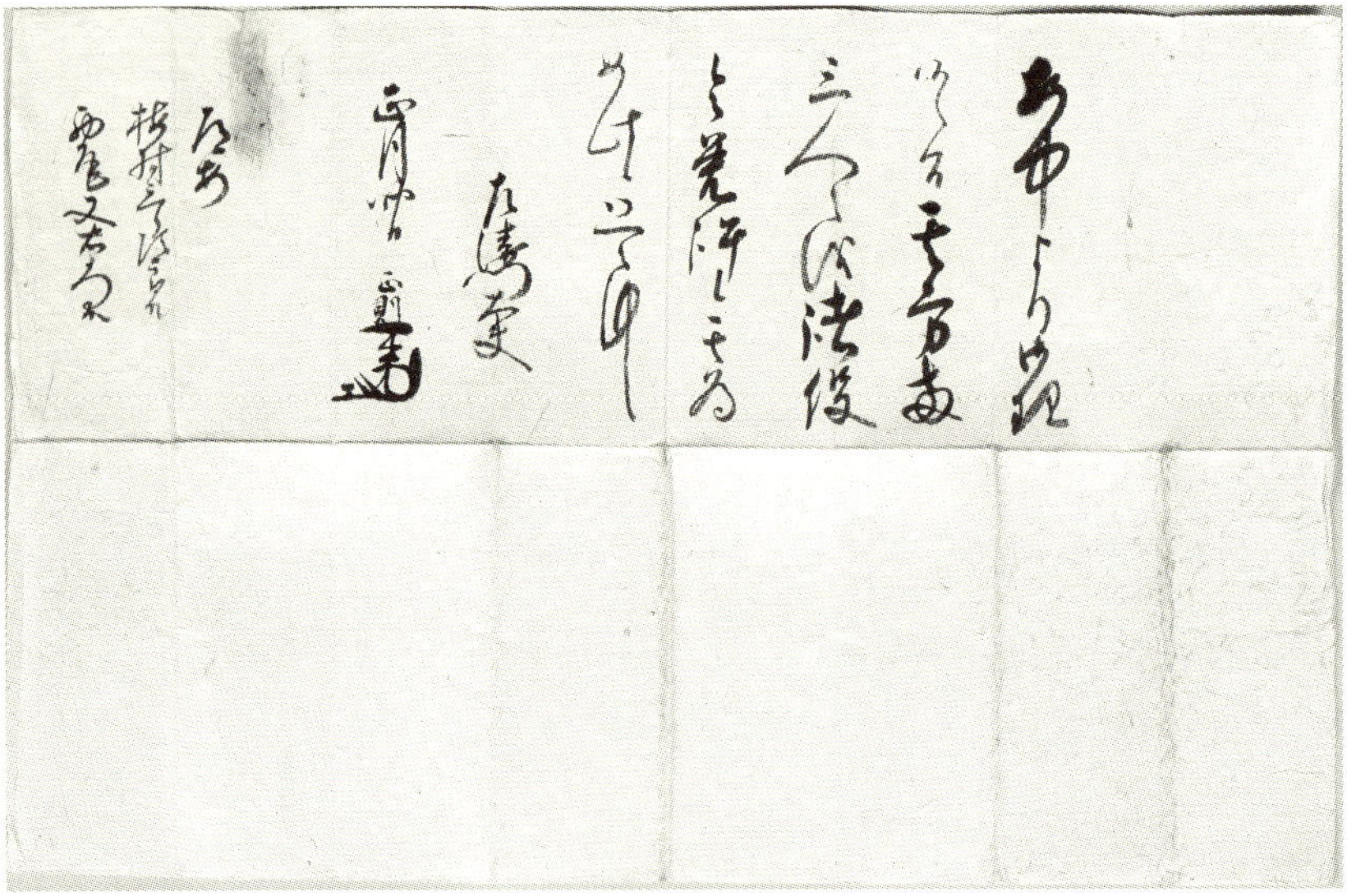

福島正則書状

（4）福島正則書状（正月四日付　道安他宛「伊藤宗十郎家文書」所収）

【翻刻】

安中より御理
候之間、其方両
三人之儀、諸役
令免許候、其為
如此候、恐々謹言、
　　　　左衛門大夫
正月四日　　（福島）正則（花押）
（スリ消し）
　　道安
　　　梅村三郎次郎殿
　　　西尾又右衛門殿

【解説】

本文書は、安中（伊藤宗十郎）の依頼を受けた尾張国主の福島正則が、道安（安中の子）・梅村三郎次郎・西尾又右衛門の三名に諸役（税・労役）の免除を伝えた書状である。ここから、安中以外の商人にも諸役免除の特権が認められていた様子がうかがわれる。

宛名に注目すると、「道安」の右上に文字を擦った跡があるが、これは「スリ消し」と呼ばれ、紙を擦ることで文字を消す修正方法の一つである。

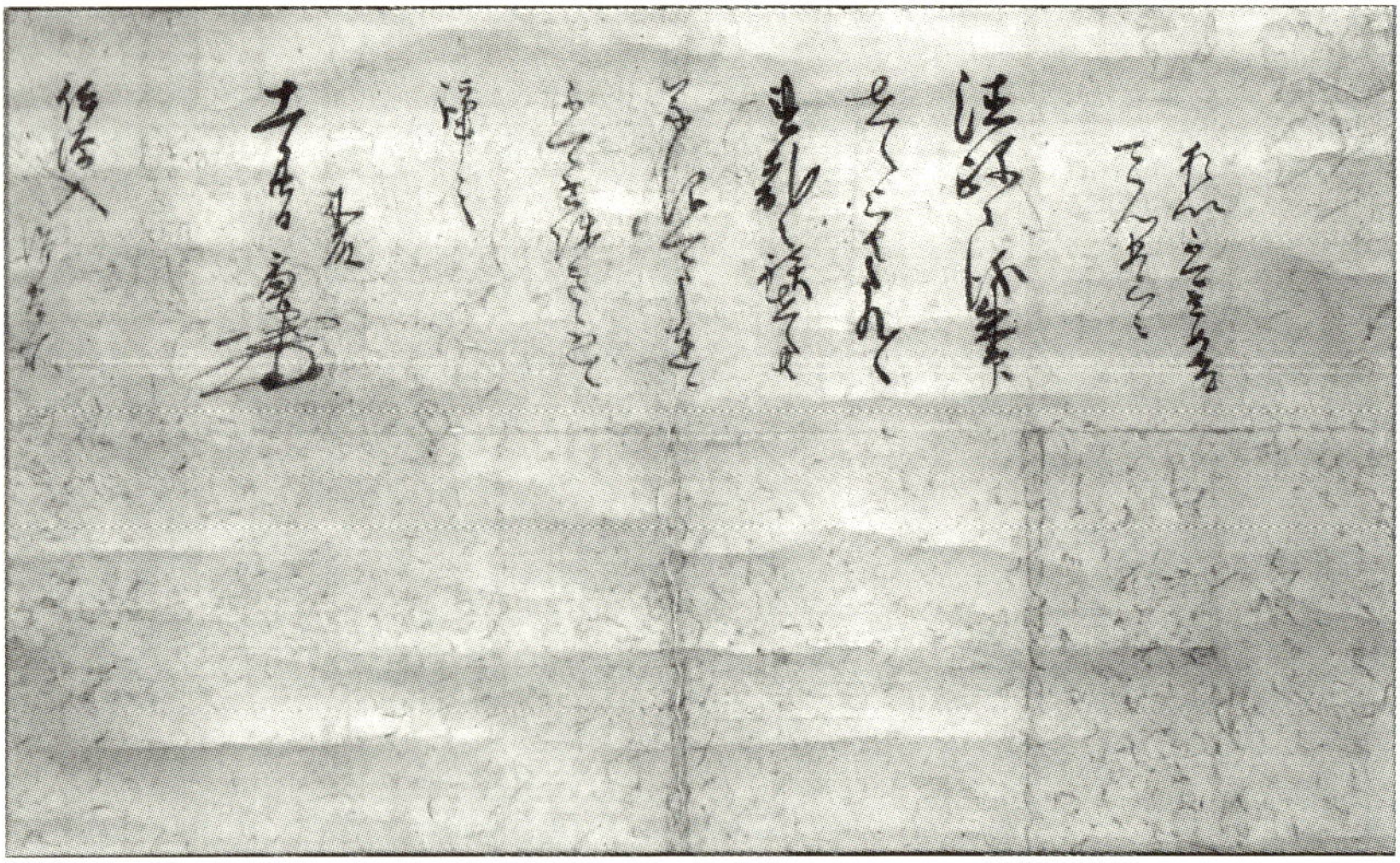

木下秀吉書状

（5）木下秀吉書状（〔元亀元年（一五七〇）〕十一月二十日付　伊源入宛）

【翻刻】

猶以不可有如在候、
可御心安候、以上
徳政之儀、朱印
在之上者、たれ〳〵
違乱之族在之候共、
蒙仰可申達候、
不可有疎意候、恐々
謹言
　　　木藤
十一月廿日　秀吉（花押）
伊源入
　御宿所

【解説】

織田信長は元亀元年（一五七〇）、京都とその周辺に徳政令を出した。商人のなかには信長から特権を与えられ、徳政令の適用を免れるものがおり、「伊源入」もその一人とみられている。本文書からは、秀吉が「伊源入」に対して、徳政を免除する信長の朱印を得ているので安心するようにと伝えたことがわかる。

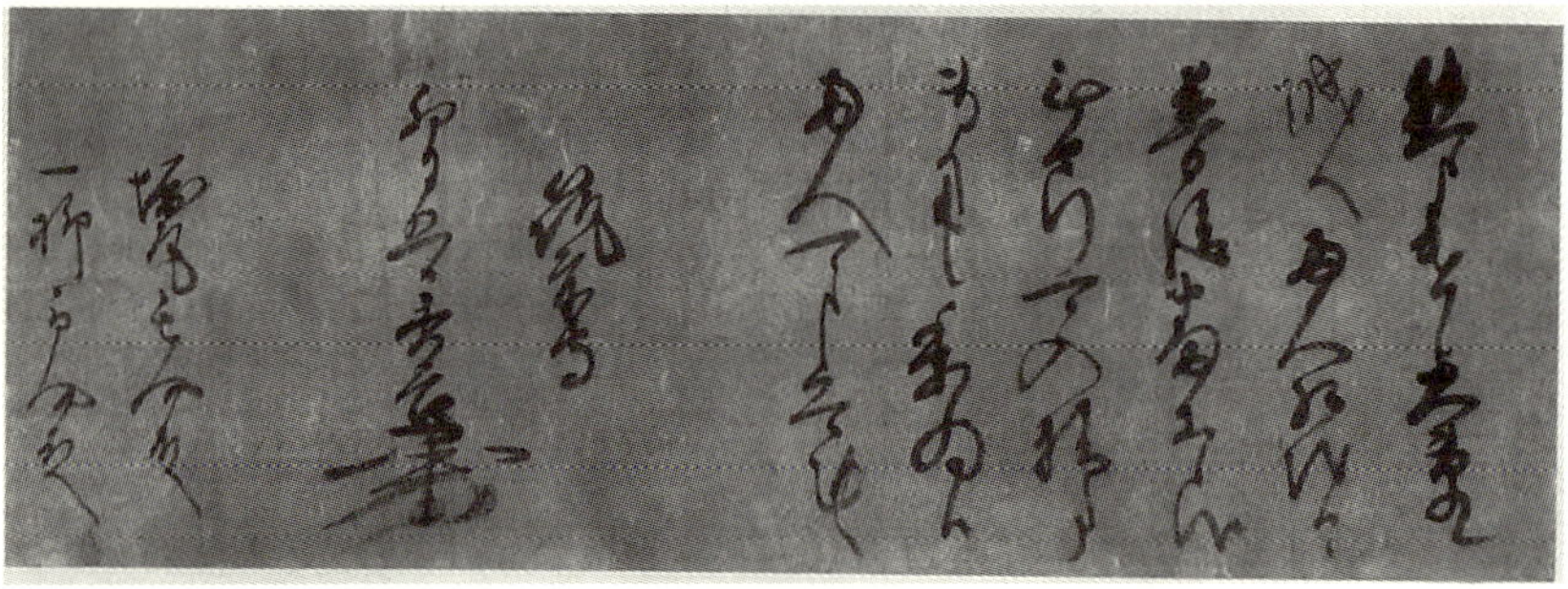

羽柴秀吉書状

（6）羽柴秀吉書状（〔天正十二年（一五八四）〕卯月五日付　堀尾毛介・一柳市介宛）

【翻刻】

態申遣候、大草之
城へ両人相越候ハヽ、
普請番等之儀、
無由断可入精事、
専用候、委細ハ
両人可申候、恐々謹言、
　筑前守
卯月五日秀吉（花押）
　堀尾毛介殿
　一柳市介殿

【解説】

羽柴秀吉が家臣である堀尾毛（茂）介・一柳市介に送った書状。秀吉は両人に対して、「大草（現・小牧市）の築城の当番を油断なく、精を入れて行うように」との命令を伝えている。本史料は、通常の紙を半分に切った「切紙」が用いられた書状を軸装に仕立てたものである。「切紙」は密書として多用されていたので、この文書は、長久手の戦い直前の緊迫した状況のなかで出されたものと考えられる。

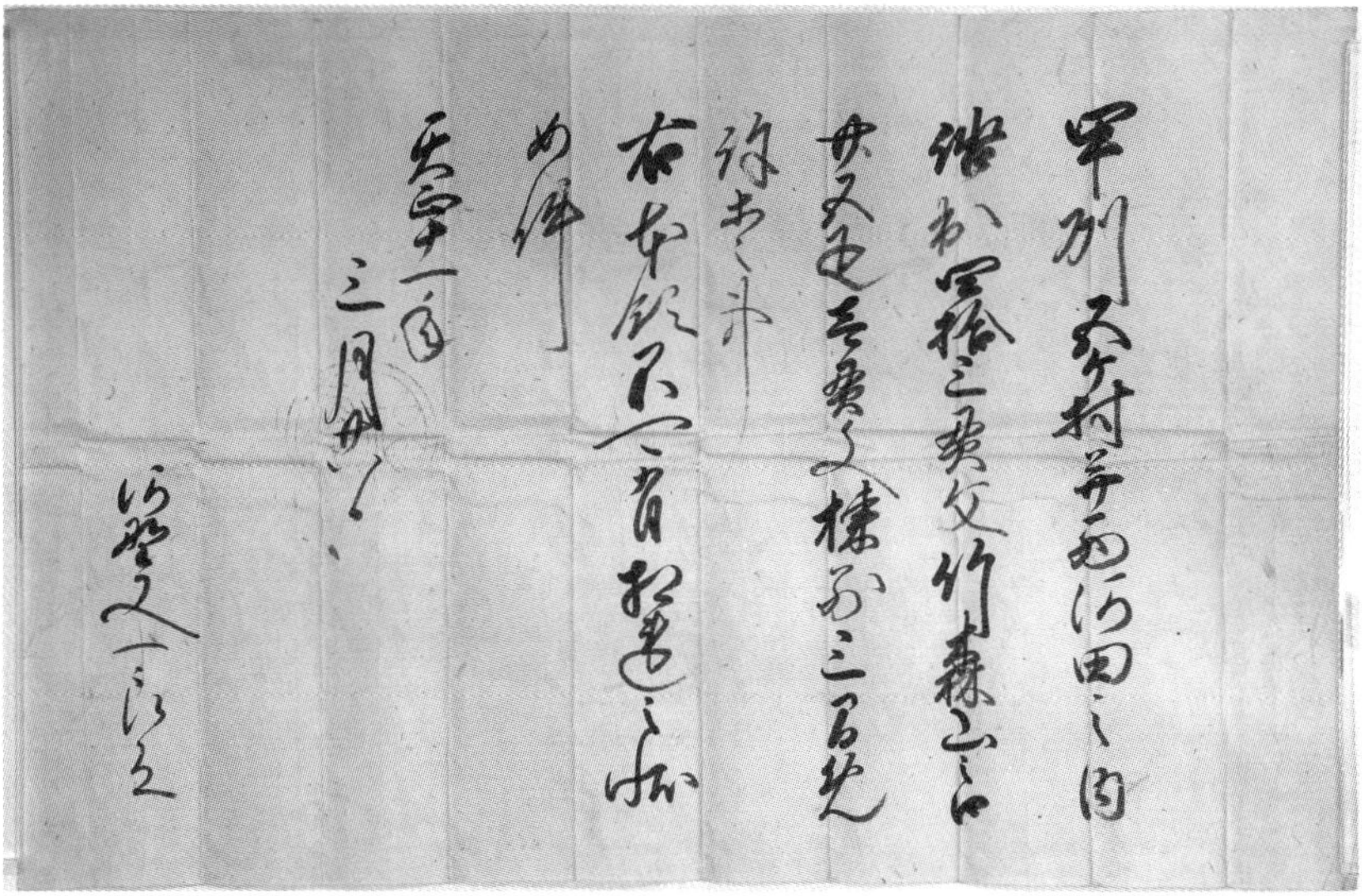

徳川家康知行宛行状

（7）徳川家康知行宛行状（天正十一年（一五八三）三月二十八日付　河野又一郎宛）

【翻刻】

甲州五ヶ村幷西河田之内、
踏出四拾三貫文・竹森山之口
廿五疋、壱貫文棟別三間免
許等之事、
右本領不可有相違之状
如件、
天正十一年
三月廿八日（朱印）（徳川家康）
河野又一郎殿

【解説】

徳川家康は天正十年（一五八二）、武田家滅亡を機に甲斐国に入国した。その翌年、家臣の河野又一郎に同国内の所領を与えたが、本文書はその際に出された知行宛行状である。不鮮明で判別しにくいが、「福徳」の丸の朱印が捺されている。

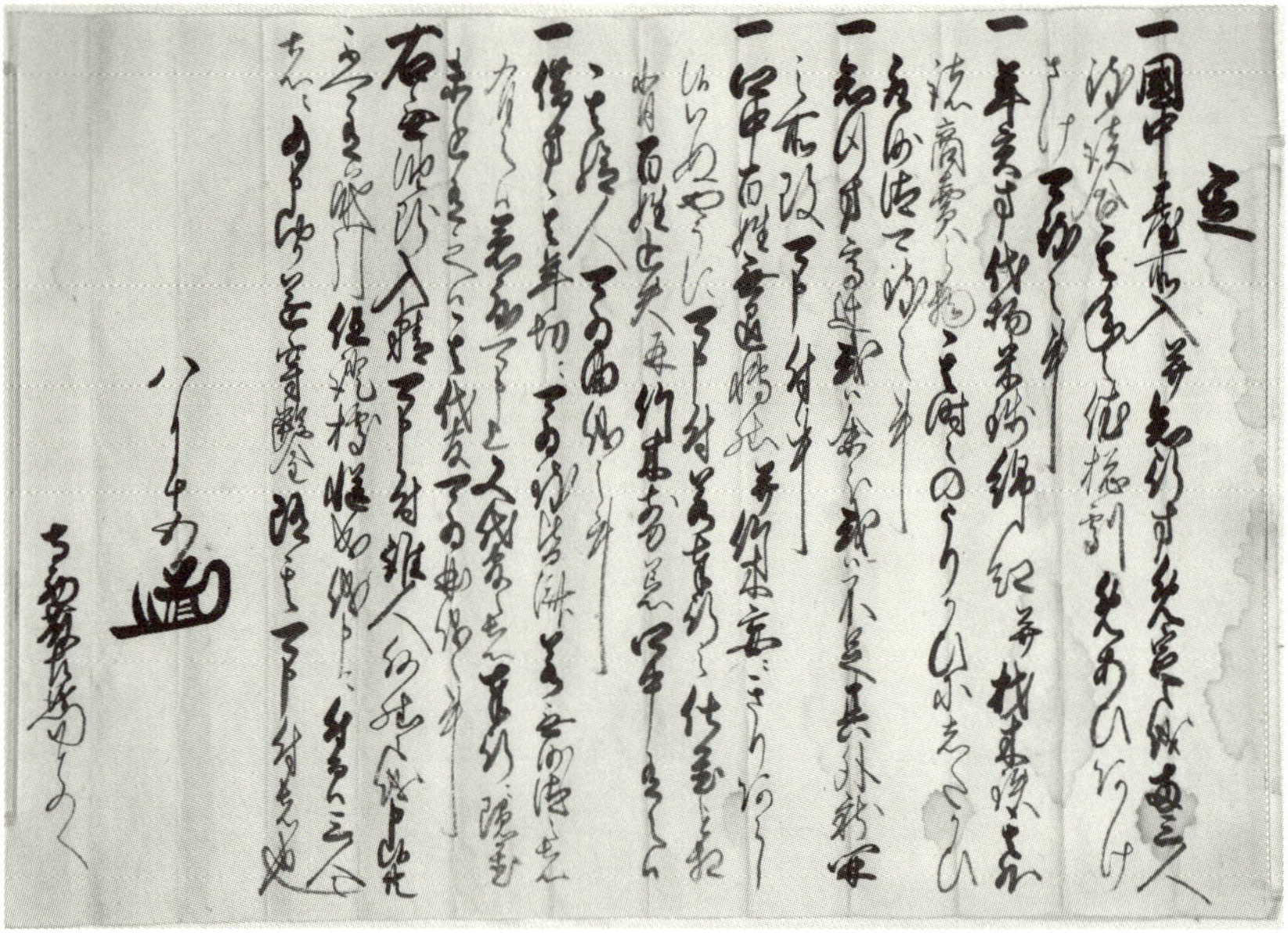

史料①　定

（8）寺西家文書　解題

寺西家文書は、

①八月十五日　寺西藤左衛門昌吉宛て松平忠吉の定、

②元禄四年閏八月六日　寺西藤左衛門雅矩宛て徳川光友黒印状、

③正月十五日　寺西図書宛て徳川綱教書状、

④明和六年丑九月　寺西七左衛門の勤書、

⑤寛政二年十二月二十七日　寺西忠四郎昌殊宛て国奉行連署黒印状

の五点からなる史料群である。この史料群には、藩主から与えられた知行関係の文書、尾張藩での職務内容を記した文書があり、寺西家の由緒や家格を明らかにすることができる。

史料①の宛所である寺西藤左衛門昌吉は、松平忠吉（徳川家康四男）に仕え、関ヶ原の戦い後、忠吉が尾張国清須城主になった際、原田右衛門・藤田民部とともに国奉行に任じられ、尾張藩領内の知行目録の発給や、年貢徴収とその管理を行った。史料②の宛所である藤

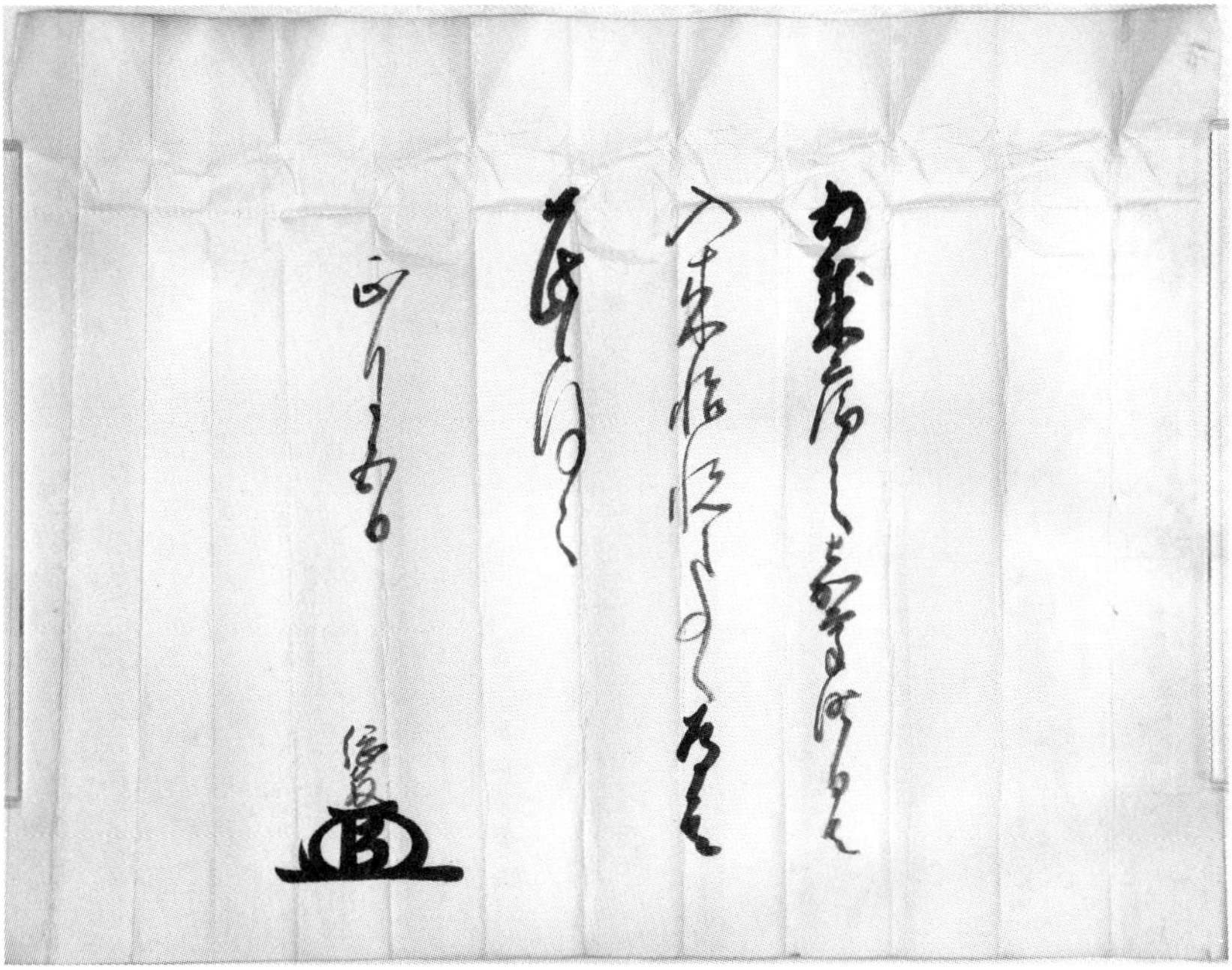

史料③　徳川綱教書状

左衛門雅矩は藤左衛門昌吉の曾孫にあたる。二代藩主徳川光友の小姓として仕え、延宝七年（一六七九）御用人となり、そののち光友の嫡男綱誠の傅《もり》役、元禄九年（一六九六）七月に年寄（家老）に任じられ加増されるなど、寺西家は藩政の中枢を担っていた。

史料をそれぞれみていくことにする。史料②は、寺西藤左衛門雅矩に対して、海東郡中萱津村（現・あま市）他五〇〇石の領知を与えた際の、光友の黒印状である。史料⑤は、寺西忠四郎昌殊が家督を相続するにあたり、父藤左衛門昌凭の遺跡四〇〇石のうち三〇〇石を宛て行うことを申し渡した、国奉行水野千之右衛門・沢井新右衛門・上田半右衛門の連署による黒印状である。この二点については、白根孝胤氏による詳しい研究があるのでそちらを参考にされたい。

史料①は、寺西藤左衛門昌吉に対して、松平忠吉が出した定め書である。年貢徴収については複

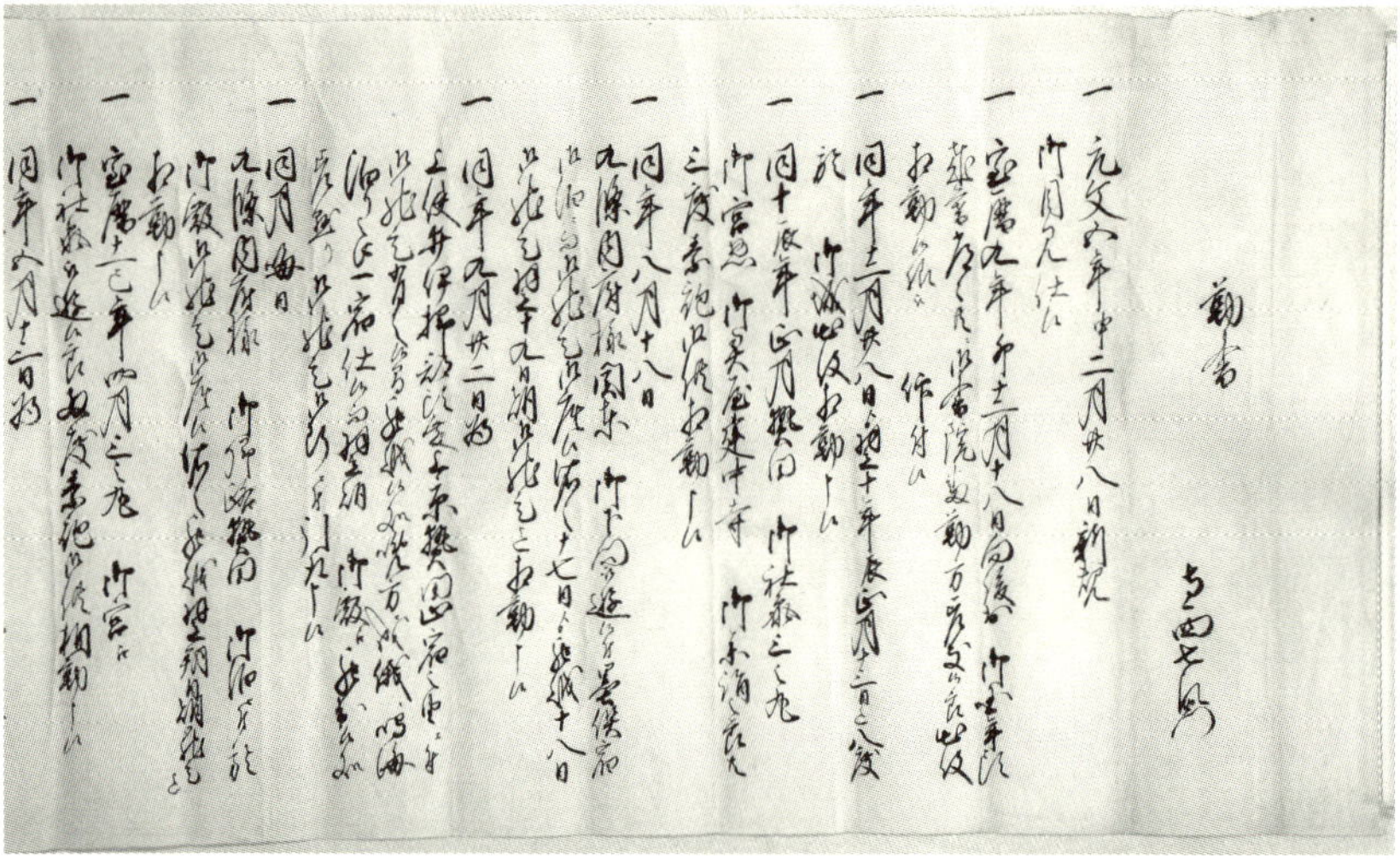

史料④　勤書（部分）

数人で話し合いをして決めること、竹木をみだりに伐採しないことなど、取り決めや禁止事項が記されている。忠吉による清須城主としての領内統治の様子がわかる史料である。

史料③は、寺西図書に宛てた、年頭の挨拶に対しての徳川綱教の礼状である。宛先の「図書」は寺西雅矩または、その嫡男雅宣にあたる。徳川綱教（一六六五～一七〇五）は、紀州藩二代藩主徳川光貞の長男で、吉宗の兄である。

史料④は、寺西七左衛門の履歴書ともいうべき「勤書」である。元文五年（一七四〇）に八代藩主宗勝に初めて拝謁し、明和六年（一七六九）に在国御番をつとめるまでの職歴が記されている。宝暦十年（一七六〇）熱田社・名古屋東照宮・建中寺参詣の際に素襖御供をつとめた。同年、摂家の九条道前や彦根藩主井伊直幸などが領内に滞在した際は馳走役を、宝暦十四年、朝鮮通信使が性高院を宿所にした際は応接役をつとめた。

【参考文献】

白根孝胤「尾張藩における領国支配と知行宛行状」柳沢昌紀編『中京大学文化科学叢書24　中京大学所蔵古典籍・古文書の研究―近年新収蔵貴重史料とその周辺―』（中京大学先端共同研究機構文化科学研究所　二〇二四年）
「史林泝洄」（三）（『名古屋叢書』続編第十九巻）

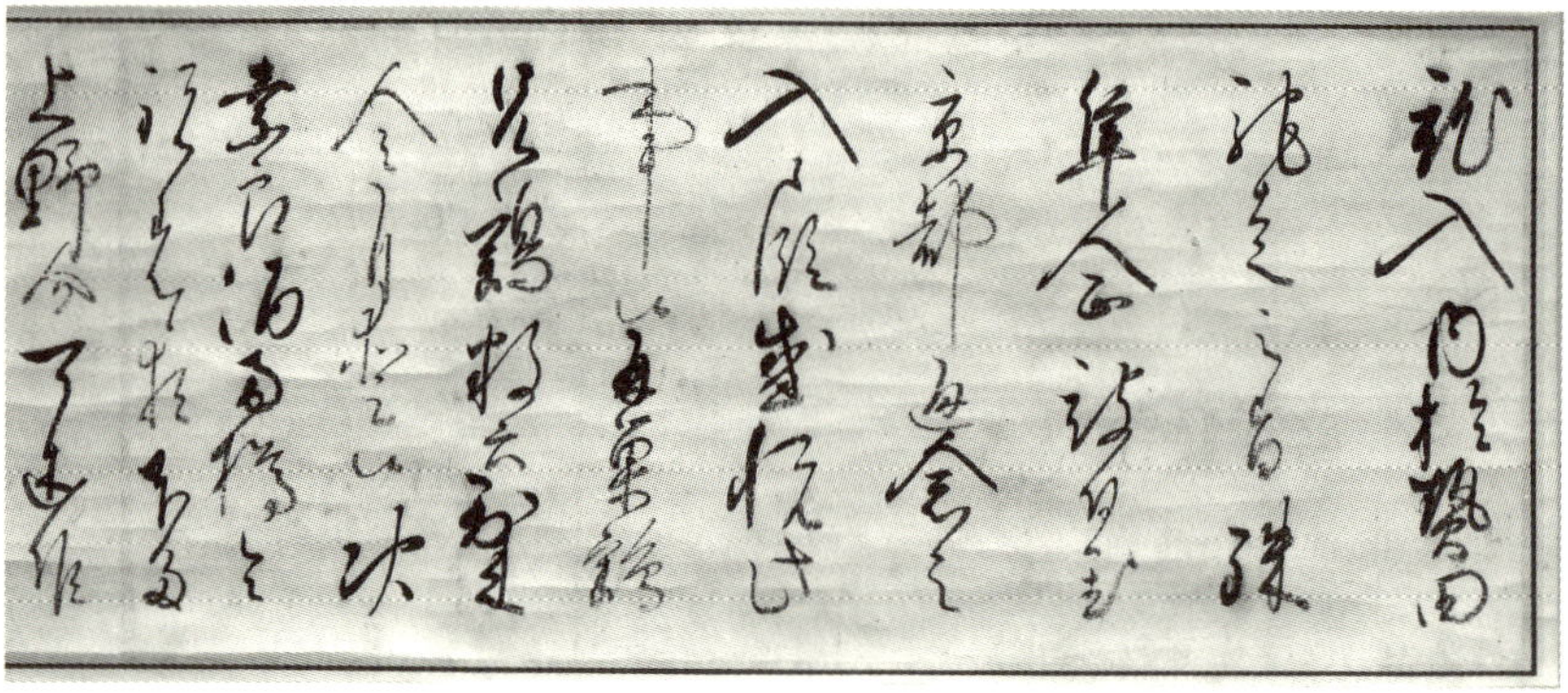

徳川秀忠書状

（9）徳川秀忠書状（〔元和六年〕（一六二〇）六月十二日付　徳川義直宛）

【翻刻】

就入内、於熱田
馳走之旨、殊
隼人正（成瀬正成）被付置、
京都通念之
入候段、感悦此
事候、幷巣鶴・
兄鷂数六到来
令自愛候、次
奈良酒両樽令
祝着候、猶本多
上野介（本多正純）可述候、
謹言

六月十二日　秀忠（徳川）（花押）

尾張
中納言殿（徳川義直）

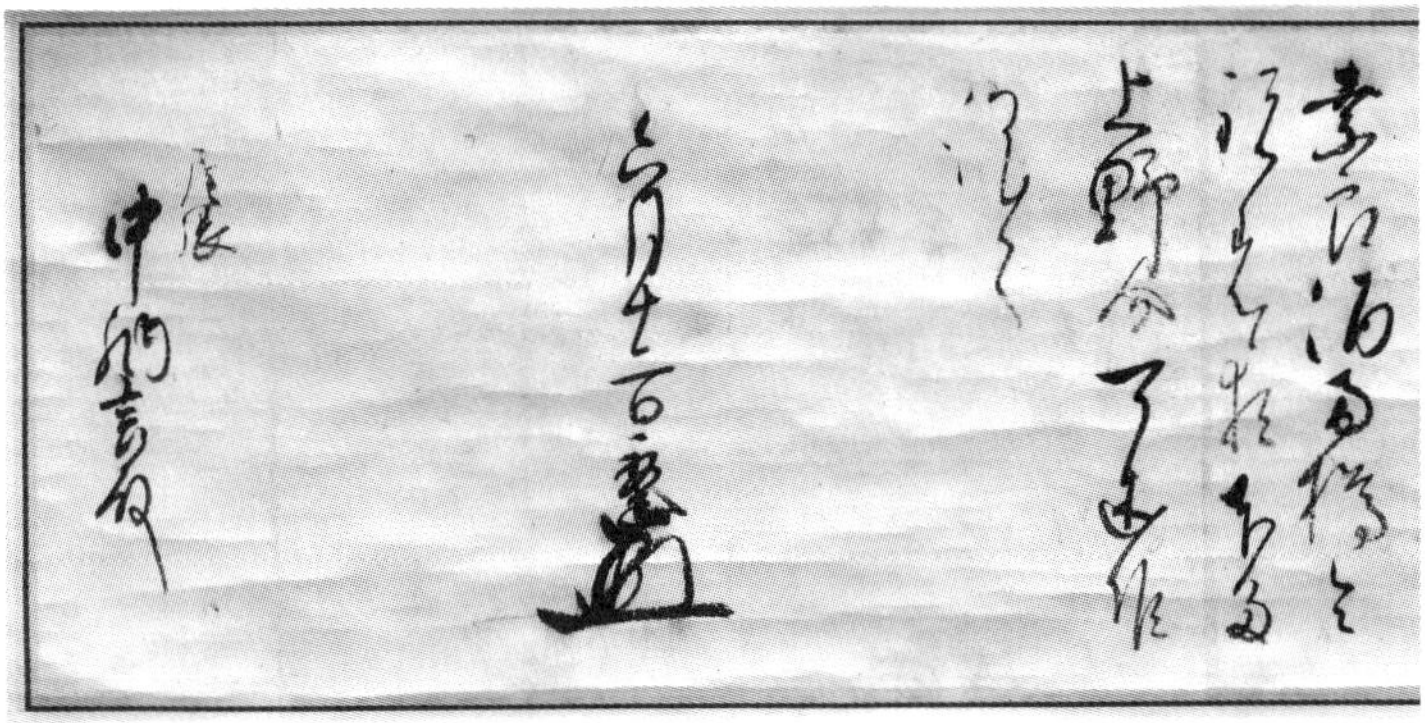

【解説】

元和六年（一六二〇）六月、二代将軍徳川秀忠の五女・和子《まさこ》は後水尾天皇に入内する。これはその際、秀忠から弟徳川義直に宛てた書状である。書状には、和子の入内について、熱田での振舞いに成瀬正成を付けおいたことや、京都に到着するまでは念を入れたことに感悦している。祝いの品である巣鷂および兄鷂《このり》や奈良酒は受け取った。詳しくは本多正純から申し伝える、などが書かれている。鷂はハイタカのことで、兄鷂はハイタカの雄をいう。

秀忠と義直は、歳は二十一歳も離れているが兄弟仲は良好だったとされる。和子が上洛する際の道中の振舞いについて、秀忠は義直に入念に頼んでいる様子がうかがえる。なお、和子と後水尾天皇の間に生まれた女一宮は、のちに明正天皇となる。

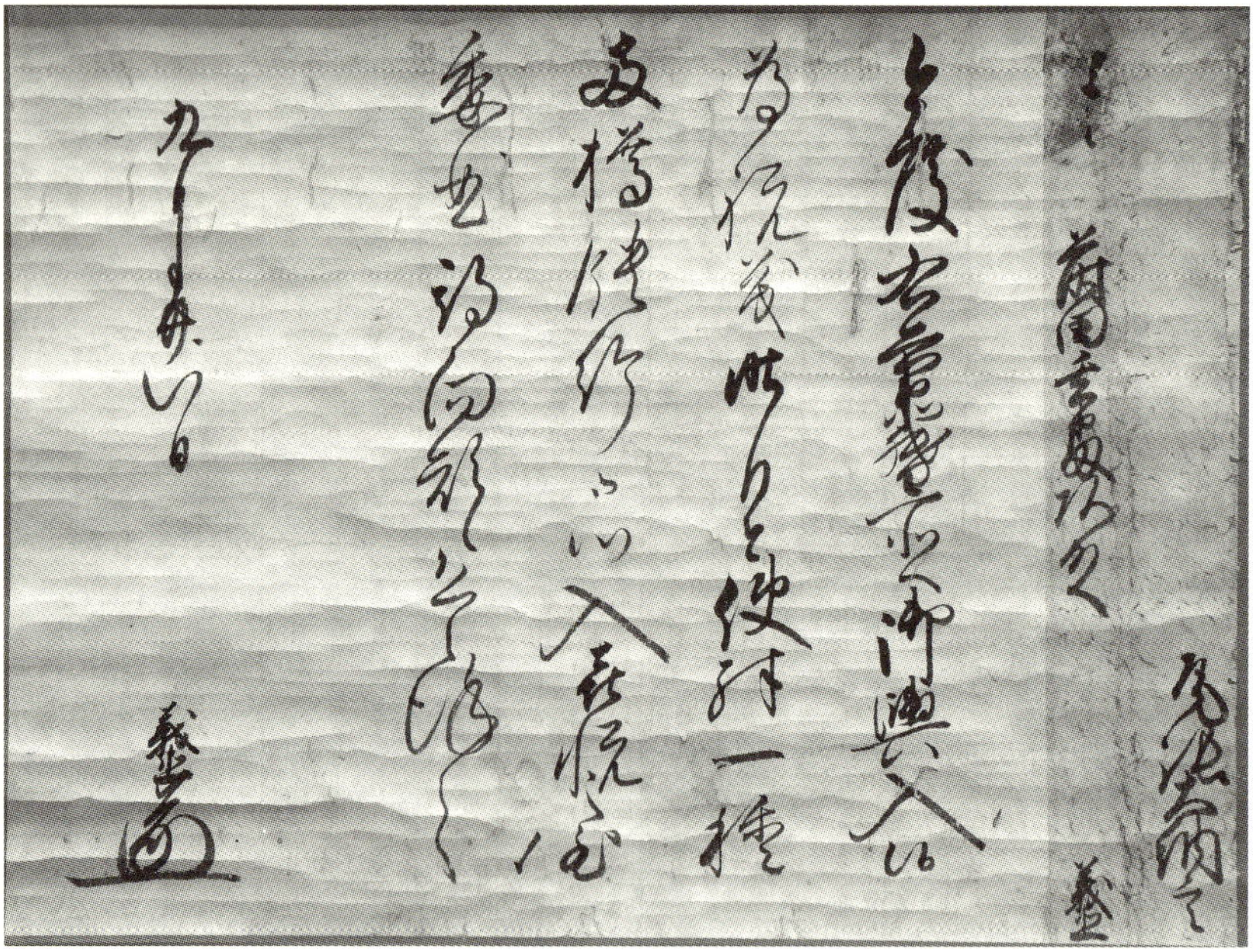

徳川義直書状

（10）徳川義直書状（〔寛永十六年（一六三九）〕九月二十八日付　蒔田定正宛）

【翻刻】

（モト裏書）
「尾張大納言
　　　　義直
（墨引）　蒔田玄番頭（定正）殿　」

今度右兵衛督（徳川光友）所へ御輿入候、
為祝義昨日令使殊一種
両樽饋給候、御心入喜悦之至候、
委曲期向顔候、恐々謹言
　九月廿八日　　　義直（徳川）（花押）

【解説】

これは、徳川義直が、備中国（現・岡山県）浅尾の旗本の蒔田定正に宛てた書状である。

寛永十六年（一六三九）、義直の嫡男光友（二代尾張藩主）は、三代将軍徳川家光の長女千代姫と縁組した。蒔田定正は婚礼の祝意を表わし、祝樽を献上したことに対する義直の礼状である。将軍家と尾張徳川家の婚姻は、徳川一門のつながりを強めた。

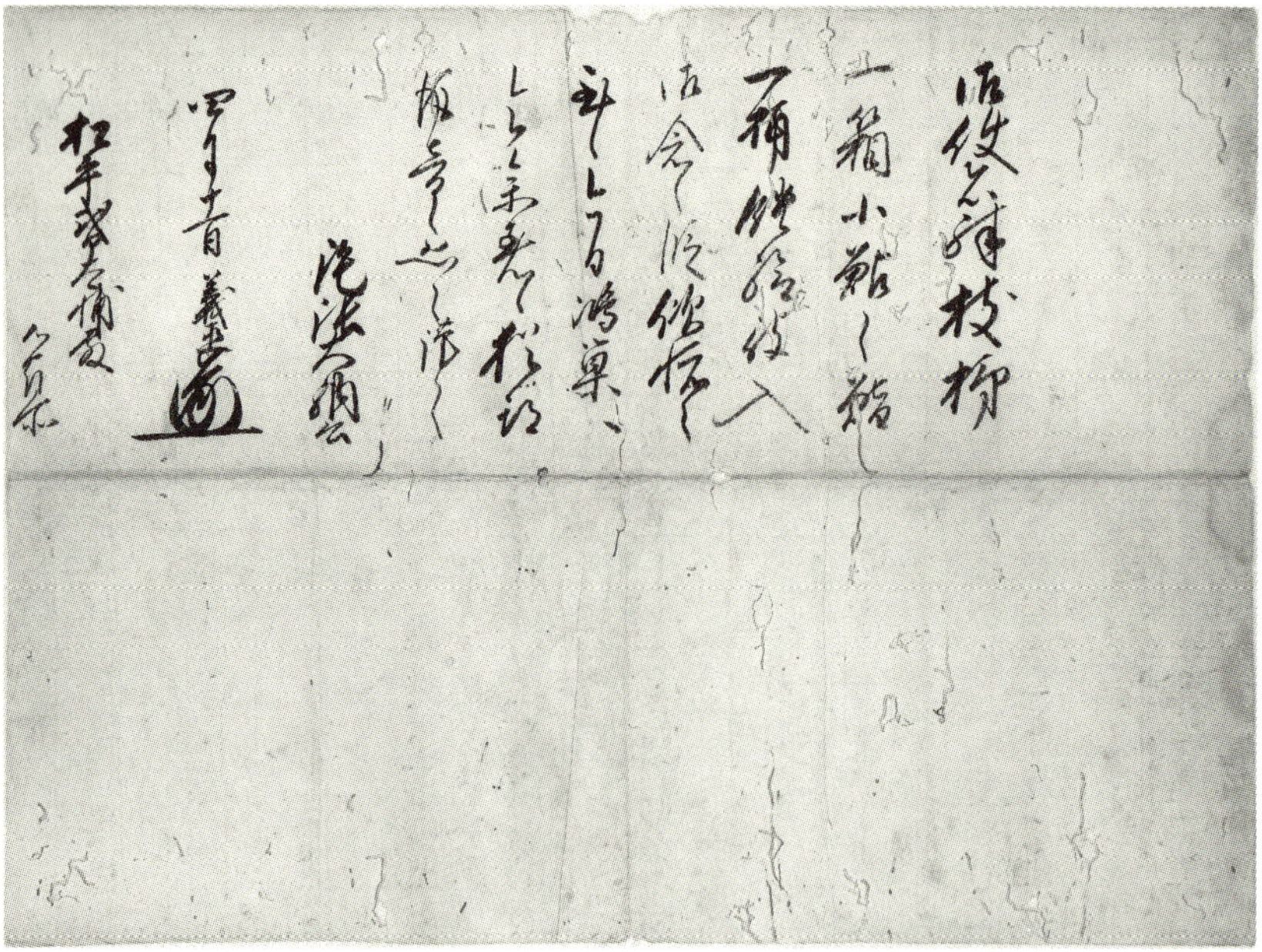

徳川義直書状

(11) 徳川義直書状〔寛永十七年〕（一六四〇）四月十一日付　榊原忠次宛）

【翻刻】

御使者殊枝柿
一箱、小鮎之鮨
一桶贈給被入
御念候段、欣悦之
至候、今日鴻巣へ
令参着候、猶期
後音候、恐々謹言

尾張大納言
四月十一日　義直（徳川）（花押）
松平式部太輔殿（榊原忠次）
御宿所

【解説】

これは徳川義直が、榊原忠次（榊原康政の孫）に宛てた書状である。枝柿一箱、小鮎の鮨一桶を献上したことに対する礼と、今日、鴻巣に参着することなどを伝えている。小鮎の鮨は、なれ鮨のこと。鴻巣は現在の埼玉県鴻巣市に位置し、徳川家康のころから鷹狩りが頻繁に行われていた場所で、鴻巣御殿も建てられた。『源敬様御代御記録』寛永十七年（一六四〇）四月十一日条に、義直が鴻巣宿に泊まった記録がみえる。

榊原忠次（一六〇五～一六六五）は、大須賀忠政の長男として生まれる。はじめ大須賀家を相続したが、のちに叔父の榊原康勝（康政の三男）に跡継ぎが居なかったため、徳川家康の命により上野館林藩を継いだ。

【参考文献】

徳川林政史研究所編『源敬様御代御記録』第三（八木書店　二〇一八年）

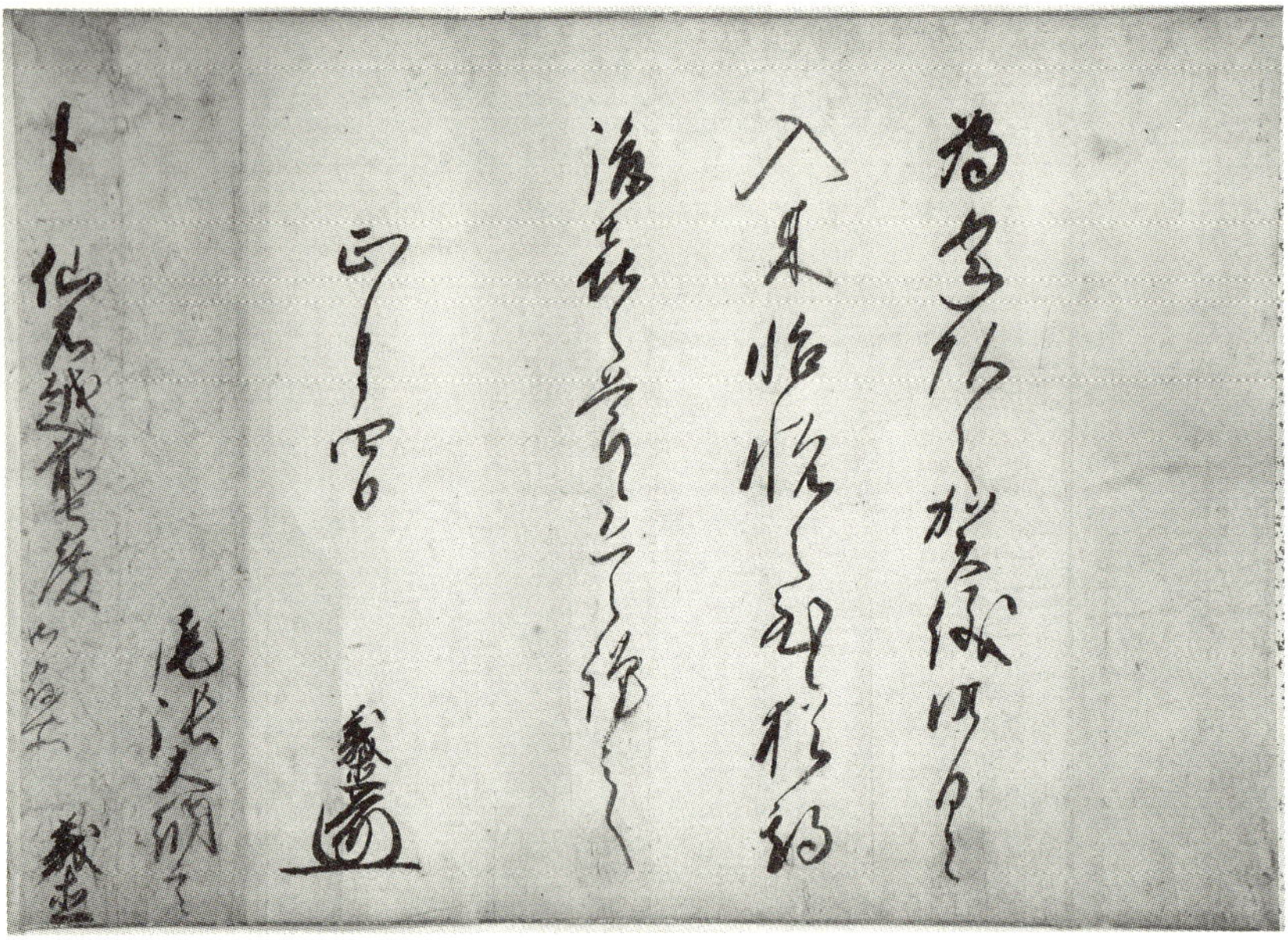

徳川義直書状

(12) 徳川義直書状（正月四日付　仙石政俊宛）

【翻刻】

為年頭之賀儀昨日者
入来怡悦之至候、猶期
後喜之節候、恐々謹言
　正月四日　　　義直（徳川）（花押）
「（モト裏書）
　　　　尾張大納言
　　　　　　　義直
（墨引）　仙石（政俊）越前守殿
　　　　　御宿所　　　」

【解説】

これは徳川義直が、仙石政俊に宛てた、年頭挨拶に対する礼状である。これにより、大名同士の交流がうかがえる。仙石政俊（一六一七～一六七四）は、信濃国（現・長野県）の上田藩二代藩主で、寛永五年（一六二八）に父忠政の死去により家督を継ぐ。同十一年十二月に従五位下、越前守に叙任される。

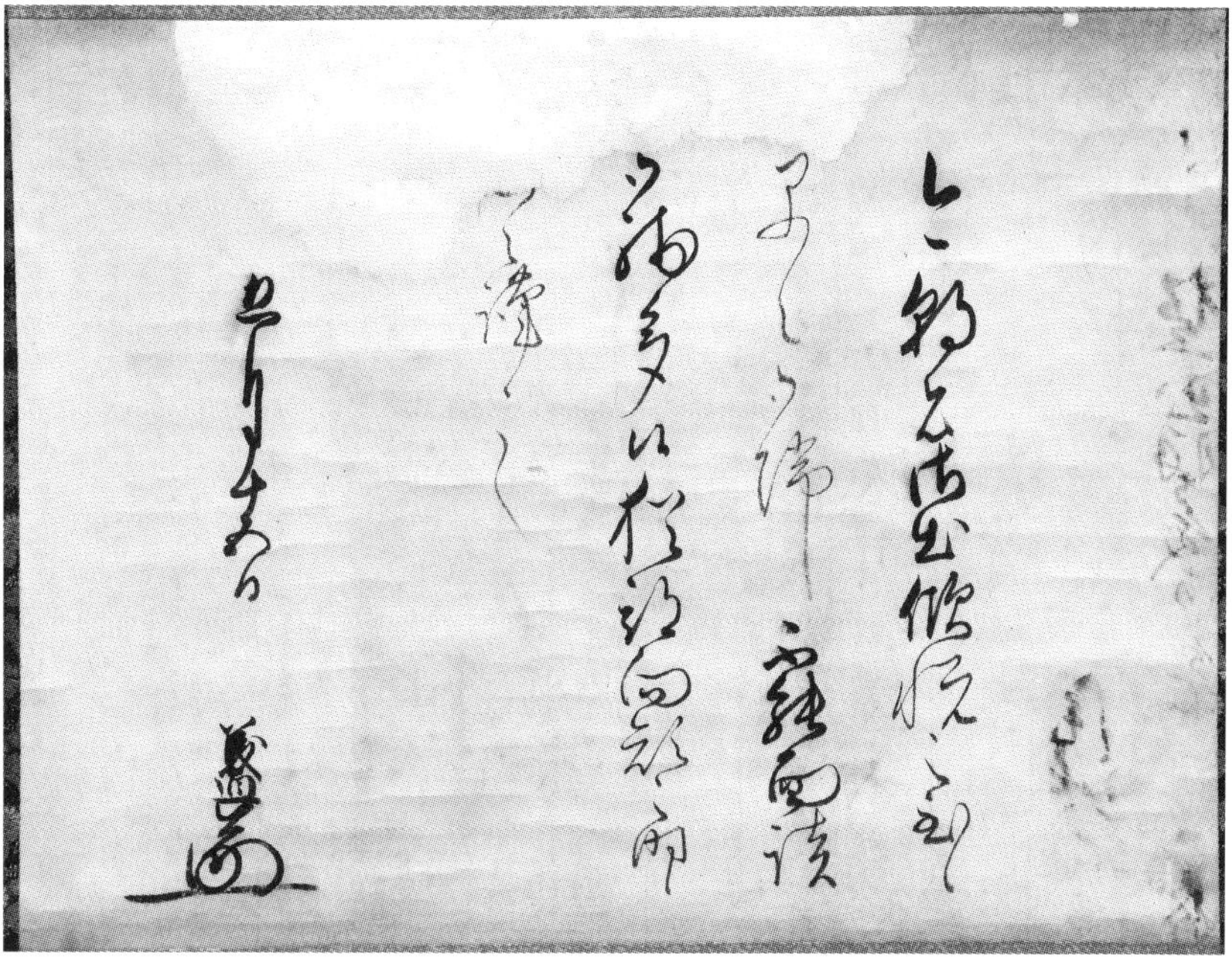

徳川義直書状

（13）徳川義直書状（五月十五日付　松平直政宛）

【翻刻】

（裏書）「尾張大納言
　　義直
松平出羽守（直政）殿
　御宿所」

今朝者御出欣悦之至候、
早々御帰不能面談
御残多候、猶期向顔之時候、
恐々謹言
　五月十五日　　義直（徳川）（花押）

【解説】

徳川義直が、松平直政に宛てた書状である。今朝お出ましになられたのに、面談できず残念であったことを伝えている。

松平直政（一六〇一～一六六六）は、結城秀康（家康次男）の三男で、義直の甥にあたる。元和五年（一六一九）六月に従五位下、出羽守に叙任される。

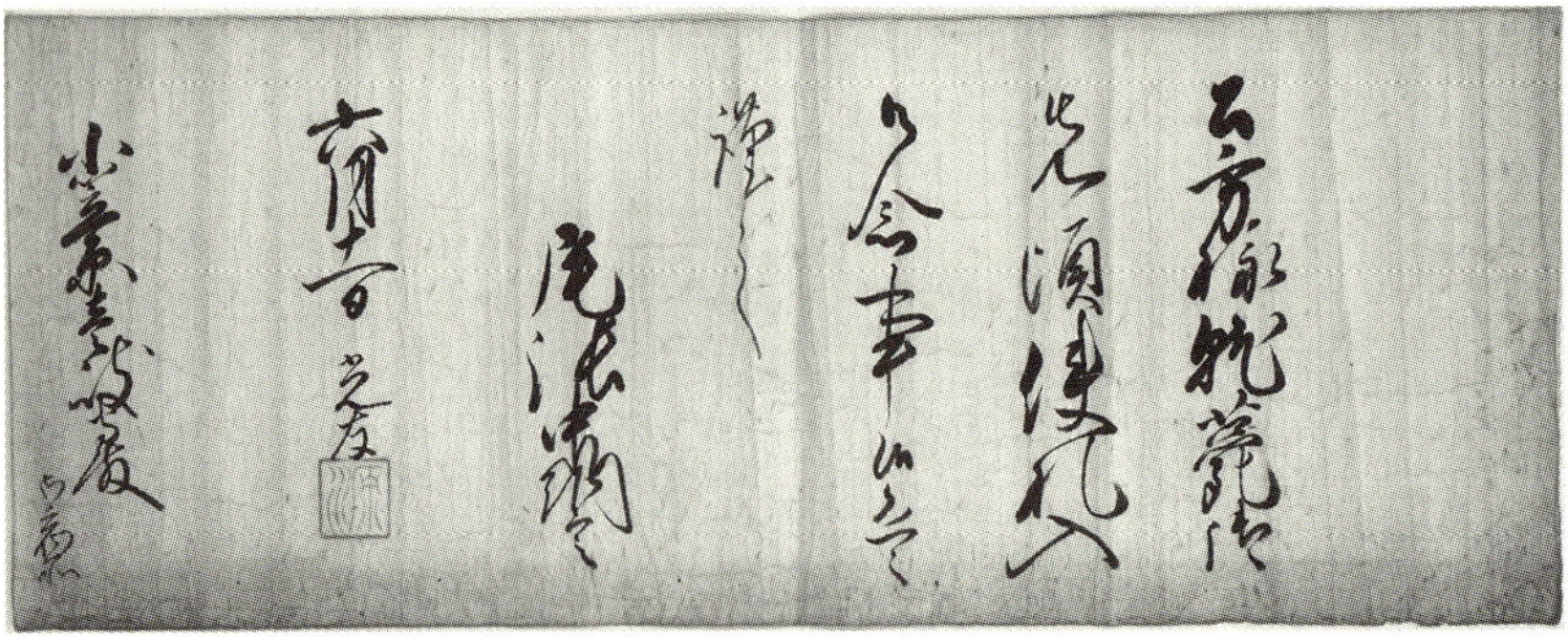

徳川光友書状

(14) 徳川光友書状（〔延宝八年〕（一六八〇）六月十一日付　小笠原長祐宛）

【翻刻】

公方様就薨御
先頃使札入
御念事候、恐々
謹言

　　　　尾張中納言
六月十一日　　光友（徳川）（黒印）
　小笠原壱岐守（長祐）殿
　　　　御宿所

【解説】

これは徳川光友が、小笠原長祐に宛てた書状で、延宝八年（一六八〇）、公方様（四代将軍家綱）薨去にあたり、お悔やみに対する礼状である。小笠原長祐（一六四四～一六九〇）は三代吉田藩主である。

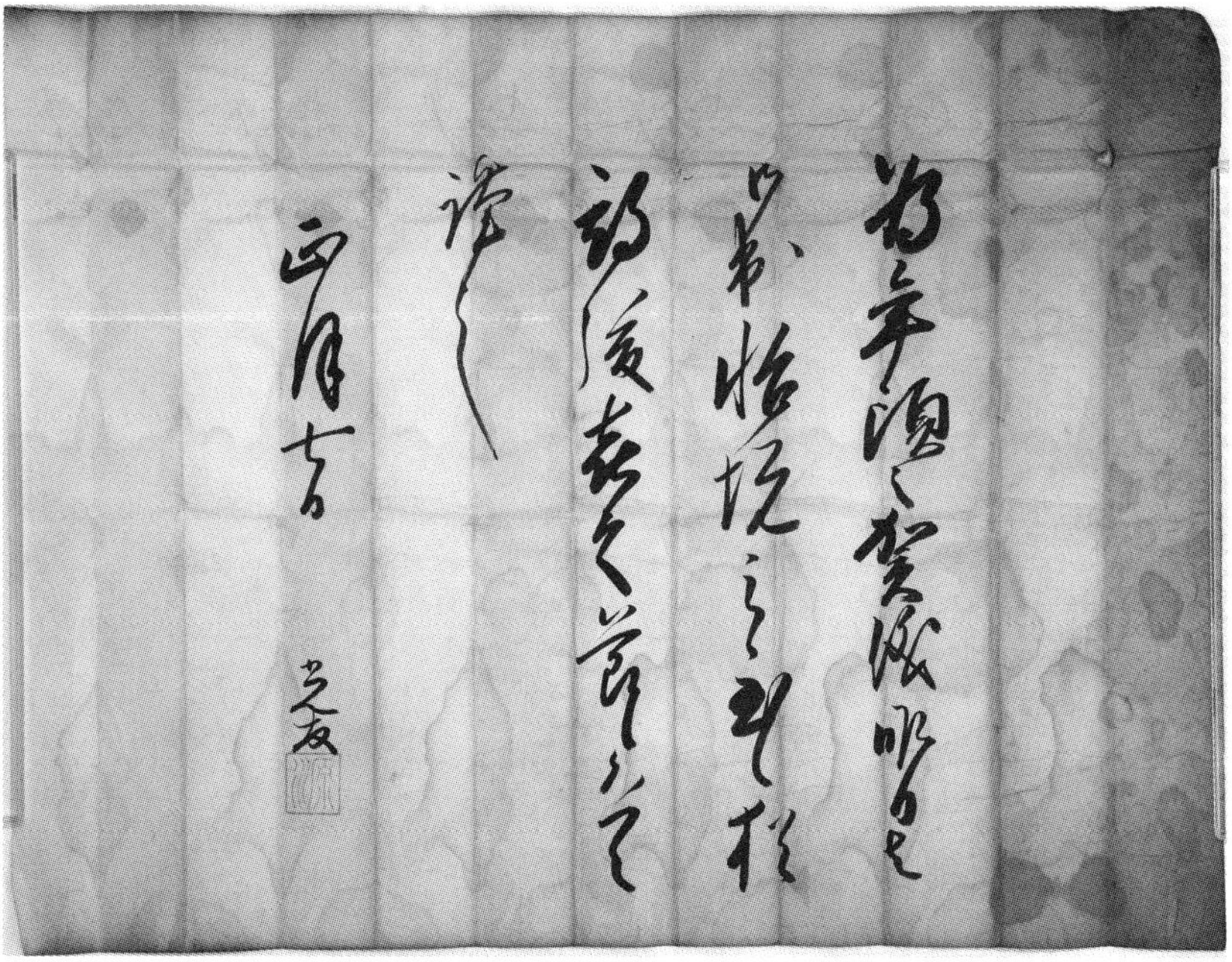

徳川光友書状

(15) 徳川光友書状（正月七日付　谷衛広宛）

【翻刻】

（端裏書）
「　　　　　尾張中納言
　　　　　　　　光友
（墨引）　谷出羽《（衛広）》守殿
　　　　　　御宿所　　　」

為年頭之賀儀、昨日者
御出怡悦之至候、猶
期後喜之節候、恐々
謹言
　正月七日　　光友《（徳川）》（黒印）

【解説】

　これは徳川光友が、丹波国（現・京都府）山家藩三代藩主谷衛広に宛てた書状。年頭挨拶に対する礼状である。

　谷衛広（一六四四～一六八九）は、承応元年（一六五二）父衛利が早世したため、祖父衛政の跡を継ぎ、寛文二年（一六六二）山家藩を継いだ。

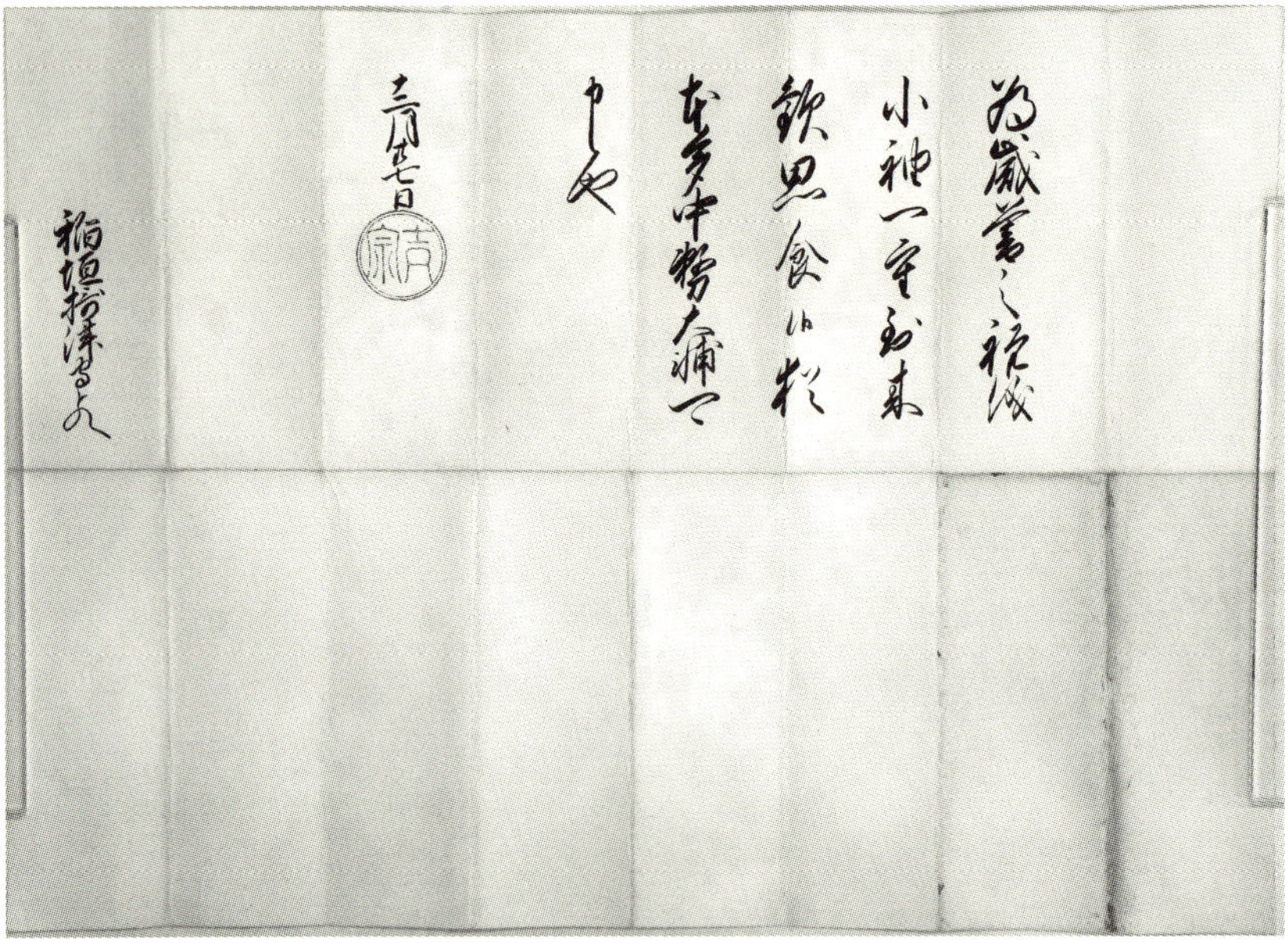

徳川吉宗黒印状

(16) 徳川吉宗黒印状（十二月二十七日付　稲垣昭賢宛）

【翻刻】

為歳暮之祝儀、
小袖一重到来、
歓思食候、猶
本多中務大輔可
申候也、
十二月廿七日（徳川吉宗）（黒印）
　　稲垣摂津守とのへ

【解説】

稲垣摂津守から徳川吉宗へ、歳暮の祝儀として小袖（秋～春に着用する着物）が贈られた。本文書はその際に出された吉宗の贈答礼状であり、吉宗の将軍在任期間などから、享保二十年（一七三五）から延享元年（一七四四）までの期間に出されたものと推測される。なお料紙には、厚手で皺のある大高檀紙が使用されている。

【謝辞】

最後に、本稿を執筆にあたり、文学部歴史文化学科の先生方に多大な意見を賜りました。ご教授いただきました皆様に感謝申し上げます。

あとがき

本書は、中京大学先端共同研究機構文化科学研究所が昨年度刊行した『中京大学所蔵古典籍・古文書の研究――近年新収蔵貴重資料とその周辺――』の続刊である。その趣旨については柳沢昌紀氏が前巻「あとがき」で述べておられるとおりで何ら変更はない。本学図書館の貴重書については既に『中京大学図書館蔵国書善本解題』（一九九五）があるが、その刊行後も貴重な資料が続々と収蔵されている。また大学共同利用機関法人人間文化研究機構国文学研究資料館による「日本語の歴史的典籍の国際共同研究ネットワーク構築計画」（歴史的典籍NW事業）およびその後継事業「データ駆動による課題解決型人文学の創成～データ基盤の構築・活用による次世代型人文学研究の開拓～」（国文研DDHプロジェクト）との連携により、図書館の蔵書のデジタルデータ化も進められている。文学部の関連施設である古文書室でも新たな資史料が収蔵され、教員・学芸員・院生学生の連携によりその整理と研究が精力的に行われている。大学附置研究所である文化科学研究所においても、「日本文化」および「中国文化」研究プロジェクトを中心に和書や漢籍の収集と研究を行っており、貴重な古典籍の蔵書も増えてきた。ただ、古文書室や研究所の資料は目下のところOPACのような検索システムが整備されておらず、せっかくの貴重な資料も学外からの検索が必ずしも容易ではない状況にある。また研究員が自分の研究費で購入した古典籍も多く、これを含めた図書館以外の学内蔵書のデータ管理についても現在検討中ではあるが、それとは別に本学が誇るべき資料に関する論考を叢書としてまとめ、広く紹介するのも価値あることである。今回は中国文化研究プロジェクトが編集責任を引継いだ。

さて古典籍や古文書は、研究企画に従って計画的に収集するものとは限らない。偶然の出会いが研究の糸口となることもある。本書第一部で扱った音楽資料もそれで、古書店で目にとまった時は、刊行されず写本で広まった書物なので、自分の専門からは外れるが買っておいて損はなかろう、という程度の気持ちで購入した。ところがその書物が実はかなり貴重なものであったことが、本研究所特任研究員からの指摘で判明した。そこで古書店にとって返し、目録にあった江戸時代の同じ旧蔵者の楽書数冊を全部購入したいと伝えたところ、実は目録に載せていない同じ旧蔵者の楽書がまだ倉庫にあるのだがいかがですかと言われ、雀躍してそれもまとめて購入した。中国文化研究プロジェクトは従来漢文で書かれた音楽資料を研究テーマとしており、近年では日本の古典音楽資料にも研究対象が広がってきた。そのため学内外の日本音楽・国文学・国史学の専門家とも共同研究を行っている。購入したこれら写本を整理してプロジェクトで調査していたさなか、今度は別の古書店の目録に同じ旧蔵者の写本群がセットで載っているのを発見した。音楽には関係ない分野のものだったが、これも何かの縁かと思い購入に踏み切った。すると幸いなことにこの写本群にも音楽に直接関係する情報や、音楽資料を読み解くのに必要な情報が多数含まれていて、本を買うかどうか迷った時はとりあえず買っておきなさい、という学生時代の恩師の言葉を今更ながらに思い出したことであった。ところが、最近になってさらに別の古書店にも同じ旧蔵者の写本群が在庫されていることを知り、こちらは音楽や文学から遠く離れた分野の写本のセットだったのだが、この機を逃す手はなかろうと購入した。手にしてみると、既に収蔵した資料を読み解くのに役立つ情報が数多く得られたばかりか、文学・語学に関連する未見の資料も含まれていて快哉を叫んだ。しかしこの第三の写本群が届いた時に本書は既に校正の最終段階にあり、ここから得られた所見を盛り込む時間的余裕はない。これについては別稿を以て紹介したいと考えている。

ともあれ、本学が誇るべき貴重な蔵書や文書を紹介する本企画が本学の創立七十周年に合わせて刊行できたことは幸いであった。お力添え下さった学内外の研究者諸氏、貴重な資料の閲覧の機会をいただいた学外の所蔵機関の方々に、この場を借りてお礼申し上げる。また本書刊行にご尽力いただいた学校法人梅村学園および中京大学の関係者にも感謝申し上げたい。そして本書の編集・刊行に際して大変お世話になった汲古書院社長三井久人氏、同編集部の飯塚美和子氏、土屋さえ氏に篤くお礼申し上げる。

二〇二五年二月

明木茂夫

執筆者紹介（掲載順）

明木茂夫（あけぎ　しげお）　中京大学国際学部言語文化学科教授
山寺美紀子（やまでら　みきこ）　中京大学文化科学研究所特任研究員
中川優子（なかがわ　ゆうこ）　東京藝術大学大学院音楽研究科博士後期課程
大島絵莉香（おおしま　えりか）　中京大学グローバル教育センター外国語嘱託講師
中川　豊（なかがわ　ゆたか）　中京大学文学部言語表現学科教授
小高道子（おだか　みちこ）　中京大学文化科学研究所特任研究員
伴野文亮（ともの　ふみあき）　鹿児島大学法文学部附属「鹿児島の近現代」教育研究センター特任准教授
小川和也（おがわ　かずなり）　中京大学文学部歴史文化学科教授
杉浦綾子（すぎうら　あやこ）　中京大学古文書室学芸員
西村健太郎（にしむら　けんたろう）　中京大学文化科学研究所特任研究員

中京大学文化科学叢書25

中京大学所蔵古典籍・古文書の研究2
――近年新収蔵貴重資料とその周辺――

令和七年三月二五日　発行

編　者　明　木　茂　夫
発行者　三　井　久　人
整版印刷　富士リプロ㈱
製　本　牧製本印刷㈱

発行所　汲　古　書　院
〒101-0065　東京都千代田区西神田二-四-三
電　話　〇三（三二六五）九七六四
FAX　〇三（三二二二）一八四五

ISBN978 - 4 - 7629 - 3696 - 8　C3000